Sylvie d'Esclaibes
Noémie d'Esclaibe

T0287184

100 actividades
Montessori

6–12 años

Fotografías:
Angélique d'Esclaibes

Editorial OB STARE

Las autoras quieren expresar su agradecimiento a todos aquellos que han contribuido
en la producción de este libro.

Gracias a los niños que aparecen en las fotos: Nil, Arié, Sacha, Maël, Angèle, Arthur, Handel,
Gabrielle, Dejan, Aurélien, Maxime, Amandine, Lyse, Manon.

Gracias a los adultos Paul, Karine, Thibault, Joël y a la tienda «documentsmontessori»,
por prestar el material y aportar sus conocimientos para la realización de determinadas actividades.

Puede consultar nuestro catálogo en www.obstare.com

100 ACTIVIDADES MONTESSORI
Texto: *Sylvie d'Esclaibes*
Ilustraciones: *Noémie d'Esclaibes*

Título original: *100 activités Montessori*

1.ª edición: octubre de 2023

Traducción: *Nuria Duran*
Maquetación: *El Taller del Llibre, S. L*
Corrección: *Elena Morilla*
Fotografías: *Angèlique d'Esclaibes*

©2019, Hatier, París, Francia
(Reservados todos los derechos)
© 2023, Editorial OB STARE, S. L. U.
(Reservados los derechos para la presente edición)

Edita: OB STARE, S. L. U.
www.obstare.com | obstare@obstare.com

ISBN: 978-84-18956-22-5
DL B 18.266-2023

Impreso en Gràfiques Martí Berrio, S. L.
c/ Llobateres, 16-18, Tallers 7 - Nau 10. Polígono Industrial Santiga.
08210 - Barberà del Vallès - Barcelona

Printed in Spain

Contenido

Introducción

La pedagogía Montessori fue creada por María Montessori a principios del siglo xx. No satisfecha con ser una de las primeras mujeres médico de Italia, Maria Montessori, además, estudió Filosofía, Psicología y Biología. Doctora en Medicina, además de psiquiatra y antropóloga, es una de las pedagogas pionera en concebir una ciencia de la educación y crear su propia pedagogía, llevándola a cabo a lo largo de su vida. Esta última es principalmente el resultado de su observación a los niños, sus lecturas, sus numerosas formaciones, viajes y encuentros.

En 1907, crea su primera «*casa dei Bambini*» (casa de los niños) donde atiende a niños de 3 a 6 años en un distrito desfavorecido de Roma, concretamente el barrio de San Lorenzo. Esta casa se convierte en su verdadero laboratorio de investigación, donde todo lo que descubre le permite crear lo que ella denomina «pedagogía científica». Sus observaciones la llevan a desarrollar una pedagogía basada en un entorno físico y humano preparado, en el cual el niño es capaz de desarrollar todo su potencial. Maria Montessori no cesa en su convencimiento de que solo mediante la educación es posible cambiar el mundo y lograr la paz mundial.

Según María Montessori, el niño pasa por 4 fases de desarrollo:

De 0 a 6 años: la primera infancia es un período que se podría resumir en «ayúdame a ser y actuar por mí mismo» y donde permitimos que el niño adquiera autonomía, desarrolle sus sentidos, perfeccione su habilidad manual, se prepare para la escritura, la lectura, las matemáticas y la cultura.

De 6 a 12 años: obedece al período que se podría resumir como «ayúdame a pensar por mí mismo y a descubrir el mundo». Es un momento en que el niño necesita ampliar su campo de acción, le gusta estar con los demás, adquiere un gran sentido moral y una necesidad de justicia muy importante, y a su vez un gran afán de aprendizaje. También desarrolla grandes habilidades intelectuales.

De 12 a 18 años: este período se reduce a «ayúdame a vivir con los demás».

Y el último, de 18 a 24 años: es el período que se reduce a «ayúdame a formar parte de la sociedad».

El objetivo de este libro es ofrecer actividades a los niños de 6 a 12 años, las cuales se basan en los principios pedagógicos fundamentales de Maria Montessori:

Actividades de la vida práctica: que contribuirán a potenciar el desarrollo de su autonomía, les permitirá convertirse en adultos independientes a la vez que alcanzar una vida plena y feliz. Lógicamente, estas actividades difieren de las previstas para niños de 3 a 6 años, si bien determinadas habilidades se reforzarán al principio de este ciclo. Los niños muestran un gran interés en crear productos terminados: les encanta fabricar objetos que puedan ser útiles para toda la comunidad tales como cocinar, coser, tejer para un amigo o un miembro de su familia, actividades que a la vez les permite mejorar su concentración.

Así mismo les gusta asumir responsabilidades, por lo que a través de estas actividades pueden conseguir ponerlo en práctica.

A esta edad, los niños también pasan por un período de gran demanda de justicia. Sienten empatía por los demás y disfrutan aprendiendo a resolver los problemas por sí mismos, como seres responsables.

- **Actividades matemáticas:** estas actividades les permitirán pasar de lo concreto a lo abstracto, mientras desarrollan sus habilidades de razonamiento. A partir de construcciones y manipulaciones serán capaces de descubrir y deducir fórmulas y reglas. La habilidad manual sigue siendo una constante fundamental para construir bases sólidas en el cerebro infantil.

- **Actividades de vida sensorial:** mediante las cuales les será posible perfeccionar aún más sus sentidos, en línea con el período anterior. Por lo tanto, es el mismo tipo de actividad pero más compleja y elaborada. También es igualmente importante pensar en las actividades sensoriales que pueden realizar en grupo, porque esta edad se caracteriza en que disfrutan enormemente trabajando con los demás.

- **Actividades culturales:** María Montessori basó toda la enseñanza para niños de 6 a 12 años, en las 5 grandes historias de lo que ella denominó educación cósmica: la historia del universo, la aparición de la vida en la tierra, la aparición del hombre en la tierra, la historia de la escritura y la historia de los números y la geometría. Así, en términos de cultura, todo gira en torno a estos 5 temas. Por consiguiente, el papel del adulto es dar respuesta a la gran curiosidad implícita en los niños de esta edad; permitirles aprender y comprender conociendo el exterior, mediante la exploración del mundo y especialmente del entorno natural.

- Con respecto **al arte**, los niños de esta edad que han adquirido un espíritu creativo deben ser capaces de expresar tal facultad mientras desarrollan la confianza en sí mismos, mediante la realización de trabajos estéticos.

- **Actividades del lenguaje:** este período es muy importante para que los niños den rienda suelta al desarrollo de su creatividad e imaginación. Esto se puede obtener a través de labores de escritura. Los niños muestran una gran curiosidad por lo que sucede a su alrededor y les gusta trabajar en grupo. Por esta razón, ofrecerles tal posibilidad por todos los medios posibles se hace vital para luego darles la oportunidad de compartir sus nuevos conocimientos con sus compañeros de clase.

Entonces, el adulto está ahí para acompañar al niño en su necesidad de descubrir su entorno. Su misión es ayudarle a convertirse en investigador y/o descubridor de todo lo que necesita para comprender el mundo en el que vive y encontrar su lugar en la sociedad.

Por lo tanto, es fundamental realizar simulaciones y presentaciones breves, así como instalar en el entorno del niño todo el material que luego él pueda utilizar. Es así como podrá llevar a cabo sus propias investigaciones o pequeños trabajos, gracias a los cuales tendrá la oportunidad de explorar todos estos ámbitos.

El adulto debe ofrecerle grandes oportunidades para observar el mundo fuera del hogar, porque es una necesidad profunda del niño.

Este libro ofrece algo más de 100 actividades articuladas en torno a los fundamentos de la pedagogía de María Montessori. Gracias a una presentación paso a paso, rúbricas y explicaciones sencillas y concretas he conseguido que fueran prácticas. De ti dependerá hacerte tuyo este libro de actividades. Lo importante son los descubrimientos y el placer que obtendrá tu hijo.

Vida Práctica

Introducción a la costura

✏ Material

En una bandeja:
- Un enhebrador de agujas.
- Una aguja.
- Hilo de bordar.
- Un pequeño bastidor de bordado.
- Un cuadrado de tela de 15 x 15 cm.
- Un par de tijeras.
- Una tiza.

✋ Objetivo principal

- Aprender a coser siguiendo una línea.

🌐 Objetivos indirectos

- Estimular la motricidad fina.
- Mejorar la concentración.

ⓐ Presentación

- Coloca la bandeja sobre la mesa.
- Dibuja con la tiza una forma sobre la tela (bien adentro para que una vez colocado el aro pequeño de bordar la forma esté visible).
- Afloja el tornillo para separar los dos círculos.
- Coloca el círculo inferior en el tablero.
- Coloca la tela en el aro inferior.
- Coloca el círculo exterior encima y presiona hacia abajo.
- Aprieta el tornillo.
- Enhebra el hilo con el enhebrador de agujas.
- Haz un nudo al final del hilo.
- Sujeta el bastidor de bordado con la mano izquierda.
- Empieza metiendo la aguja en la parte posterior de la tela.
- Presiona suavemente hasta que salga una pequeña bolsa para asegurarte de que la aguja pasa por al lugar correcto.

- Empuja la aguja a través de la tela.
- Pon la mano delante de la tela y empuja la aguja.
- Cuando hayas hundido lo suficiente la aguja, sujétala cerca del ojal para que el hilo no se salga de la aguja.
- Continúa así.
- Cuando hayas hecho toda la forma, en la parte de atrás de la tela, corta el hilo de manera que puedas hacer un pequeño nudo.
- Retira el bastidor de bordado.

Conclusión de la actividad

- Cuando tu hijo ya haya visto cómo realizar este punto sencillo y sea capaz de hacerlo, entonces podemos pasar a otros puntos más complicados de hacer, como el punto de cruz, y ofrecerle pequeños lienzos.

Coser un botón

✎ ## Material

A partir de 6 años

- Una superficie para coser (una manta acolchada, un pañuelo de tela, un trozo de tela o una camisa vieja).
- Varios botones de diferentes tamaños con 2 y 4 agujeros.
- Hilo de coser.
- Una aguja con ojal grande.
- Un par de tijeras.

✋ ## Objetivo principal

- Dejar que el niño cosa un botón por sí mismo.

🌐 ## Objetivos indirectos

- Estimular la coordinación ojo-motora.
- Desarrollar la concentración.
- Estimular el desarrollo de la mano.
- Seguir una secuencia en una actividad.
- Promover la autonomía.

a ## Presentación

- Coloca la superficie de costura sobre una mesa plana.
- Decide dónde colocar el botón.
- Muéstrale al niño cómo pasar el hilo en la mesa y cortar la medida de hilo correcta.
- Pasa el hilo por el ojo de la aguja.
- Haz un nudo después de unir los dos extremos del hilo.
- En la ubicación del botón, muéstrale a tu hijo cómo sostener juntos el botón y la superficie de costura, colocándolos con la mano dominante.

- Toma el hilo y la aguja y enséñale lentamente cómo pasar la aguja a través de uno de los agujeros del botón. Una vez que haya pasado, tira de la aguja y del hilo hasta que salga todo el hilo por completo.
- Primero elige coser el botón haciendo líneas rectas en los agujeros del botón.
- Escoge otro agujero, y pasa la aguja hasta que salga por detrás y tira de nuevo hasta que el hilo salga por completo.
- Continúa con los agujeros tercero y cuarto.
- Muestra cómo pasar el hilo para terminar en la parte de atrás, luego haz un nudo y corta el hilo.
- El botón debe quedar sujeto firmemente a la tela cosida.

Conclusión de la actividad

- Es importante que cuando tu hijo ya haya realizado varias veces esta actividad, le permitas que cosa un botón en una prenda de vestir real. Estará muy orgulloso de poder hacerlo solo.

Tejer con los dedos

A partir de 7 años

Material

- Un ovillo de lana.
- Una cesta con un agujero.

Objetivo principal

- Aprender a tricotar.

Objetivos indirectos

- Estimular la motricidad fina.
- Mejorar la concentración.
- Seguir una secuencia.

Presentación

- Coloca el ovillo de lana en la cesta, dejando que la lana salga por un agujero.
- Haz un lazo pasando el hilo que sale del ovillo por debajo del inicio del hilo.
- Desliza el pulgar y el dedo índice de la mano derecha a través del lazo mientras sostienes este lazo con el pulgar y el dedo medio de la mano izquierda.
- Atrapa el hilo del ovillo. Tira de este lazo con la mano derecha. Tira con la mano izquierda para hacer un nudo.
- Coloca este lazo en el pulgar de la mano izquierda con la palma abierta hacia ti.
- Pasa el hilo del ovillo por detrás del dedo índice, luego por delante del dedo medio, luego por detrás del dedo anular y finalmente por delante del dedo meñique.
- Pasa el hilo por detrás del dedo meñique, luego por delante del dedo anular, por detrás del dedo medio y finalmente por delante del dedo índice.

- Gira el hilo alrededor del dedo índice y pásalo por detrás de los 4 dedos por encima de los «puntos» ya enrollados.
- A continuación, pasa el hilo al frente de la mano por encima de los puntos.
- Reserva el hilo detrás de su mano para más tarde.
- Coge el primer punto con la parte delantera del dedo índice.
- Pásalo por detrás del dedo índice (deslizando el dedo índice por el lazo).
- Pasa el punto del dedo medio al dorso del dedo medio.
- Haz lo mismo con el dedo anular.
- Y finalmente con el dedo meñique.
- La 1.ª fila está terminada. Hunde un poco los puntos con la mano derecha.
- Pasar por delante de la mano, por encima de los puntos, el hilo que había quedado reservado.
- Vuelve a ponerlo, reservarlo para después detrás de la mano.
- Empieza de nuevo como se ve arriba.
- Después de terminar algunas filas, retira el lazo del pulgar.
- Tira de él para apretar un poco los puntos.

Conclusión de la actividad

- Cuando tu hijo haya aprendido a tejer así, puedes ofrecerle hacerlo con agujas reales.

Costura con «tricot»

✏️ **Material**

En una bandeja:
- Un tubo de papel higiénico.
- Palitos de helado.
- Un tubo de pegamento fuerte.
- Cinta adhesiva (tipo Chatterton®).
- Un ovillo de lana en un cesta.

✋ **Objetivo principal**

- Aprender a tricotar.

🌐 **Objetivos indirectos**

- Estimular la motricidad fina.
- Mejorar la concentración.
- Respetar una secuencia de actividades.

✂️ **Preparación de la actividad**

- Pega los lados de los 4 palitos de helado al tubo de papel higiénico a la misma distancia. Los palitos deben sobresalir del rollo unos 2 cm. Asegúralo todo con cinta adhesiva.

🅐 **Presentación**

- Coloca el material sobre la mesa.
- Pasa el extremo del hilo por el tubo desde el extremo superior, dejando 10 cm de lana sobresaliendo hacia abajo.
- Empezando con el palo de las 12 en punto (el de arriba más alejado de ti), envuelve el hilo alrededor del ganchillo en el sentido de las agujas del reloj (haz un lazo).

- Desplázate hasta el palito de las 9 en punto (a la izquierda) y gíralo en el sentido de las agujas del reloj.
- Repite con el palo de las 6 en punto (el que está en la parte inferior, el más cercano a ti) y luego el palo de las 3 en punto (a la derecha).
- Parece una tela de araña cuadrada.
- Para tejer, pídele a tu hijo que coloque el hilo delante y sobre el primer lazo en el palo en el exterior del tubo (continuando en sentido antihorario) y luego tira del hilo inferior sobre el hilo superior en el exterior de la varilla.
- Luego, sugiérele que continúe en sentido antihorario (sujetando el tubo hacia él y girándolo sobre la marcha, según la ubicación de las varillas).
- Continúa de esta manera hasta que haya obtenido la longitud deseada.
- Para terminar, corta el extremo de la lana y pásala por el último lazo.

Conclusión de la actividad

- Cualquier actividad que le permita a tu hijo crear pequeñas obras por sí mismo es beneficioso para su creatividad y adquirir confianza en sí mismo. Además, el desarrollo de la motricidad fina sigue siendo fundamental.

Estudia las habilidades

✎ Material

En una bandeja:
- Una jarra de agua transparente.
- Diversas jarras con diferentes formas pero del mismo volumen.
- Una esponja pequeña.

✋ Objetivos principales

- Desarrollar la motricidad fina.
- Comprender el concepto de capacidad.

🌐 Objetivos indirectos

- Desarrollar la concentración.
- Entrenar los dedos pulgar, índice y medio para sostener el lápiz.
- Desarrollar el razonamiento matemático.
- Abordar la geometría en concreto.

a Presentación

- Dile a tu hijo que traiga la bandeja del estante, e invítale a sentarse a la mesa junto a ti.
- Pídele que te observe.
- Con tu mano dominante, coge la jarra de agua por el asa con los dedos pulgar, índice y medio y vierte el contenido en una de las otras jarras.
- Pregúntale qué es lo que ve.
- Debería decirte que aunque las jarras no tienen la misma forma, pueden contener la misma cantidad de agua.
- Deja que experimente con ello cuanto quiera, sabiendo que tendrá que volver a poner la bandeja como estaba inicialmente cuando termine.

- Del mismo modo, ofrécele a tu hijo una bandeja donde pueda verter agua en jarras de diferentes volúmenes. Es importante que rápidamente se haga una idea concreta de los volúmenes.

Las pinzas

✏ Material

En una bandeja:
- 2 recipientes pequeños iguales.
- Coloca unas treinta lentejas en el recipiente de la izquierda.
- Un par de pinzas de depilar.

🖐 Objetivo principal

- Desarrollar la motricidad fina.

🌐 Objetivos indirectos

- Desarrollar la concentración y el orden.
- Entrenar los dedos pulgar, índice y medio para sostener el lápiz.

a Presentación

- Indícale a tu hijo que traiga la bandeja del estante, e invítale a sentarse a la mesa junto a ti.
- Preséntale la actividad: «Te voy a enseñar a trasvasar las lentejas con unas pinzas».
- Con tu mano dominante, coge las pinzas con los dedos pulgar, índice y medio.
- Una por una, trasvasa las lentejas del recipiente de la izquierda al de la derecha.
- Pregúntale a tu hijo: «¿Quieres continuar?».
- Cuando lo hayas trasvasado todo, pídele a él que realice la actividad pero en el orden inverso, para devolver la bandeja a su estado inicial.
- Concluye: «Ahora que ya sabes cómo hacer esta actividad, puedes volver a empezar tantas veces como quieras e ir a buscarla libremente al estante».

- Del mismo modo, ofrécele a tu hijo una bandeja que le permita trasvasar los garbanzos con unas pinzas a una jabonera con celdas. En el recipiente de la izquierda de la bandeja pondremos tantos garbanzos como celdas tenga la jabonera. Invítale a ordenarlos de izquierda a derecha y de arriba abajo.

Pipetas

✏️ Material

En una bandeja:
- Un pote pequeño que contenga agua coloreada
  (a la izquierda de la bandeja).
- Una pipeta fina.
- Una jabonera (a la derecha de la bandeja). Cuanto más pequeñas sean las celdas de la jabonera, mayor será el trabajo de dominio de la mano y concentración requeridos.
- Una esponja pequeña.

🖐️ Objetivos principales

- Desarrollar motricidad fina.
- Aprender a usar una pipeta.

🌐 Objetivos indirectos

- Desarrollar la concentración y el orden.
- Entrenar los dedos pulgar, índice y medio para sostener el lápiz.

🅐 Presentación

- Indícale a tu hijo que traiga la bandeja del estante, e invítale a sentarse a la mesa junto a ti.
- Preséntale la actividad: «Voy a enseñarte a verter agua en una jabonera».
- Con tu mano dominante, sostén la pipeta con los dedos pulgar, índice y medio.
- Una a una, llena 4 o 5 celdas de la jabonera de izquierda a derecha y de arriba a abajo.
- Pregúntale a tu hijo: «¿Quieres continuar?»
- Cuando lo hayas trasvasado todo, pídele que limpie la jabonera para devolver la bandeja a su estado original.

- **Concluye:** «Ahora que ya sabes cómo hacer esta actividad, puedes volver a empezar tantas veces como quieras e ir a buscarla libremente al estante».

Plantar un clavo

A partir de 7 años

✎ Material

En una bandeja:
- Una tabla de madera más gruesa que la longitud del clavo.
- Una caja con diversos clavos.
- Un martillo.

✋ Objetivos principales

- Desarrollar motricidad fina.
- Aprender a usar un martillo.

🌐 Objetivos indirectos

- Desarrollar la concentración y el orden.
- Entrenar los dedos pulgar, índice y medio para sostener el lápiz.

⒜ Presentación

- Pídele a tu hijo que traiga la bandeja del estante, e invítale a sentarse a la mesa junto a ti.
- Preséntale la actividad: «Te voy a enseñar cómo clavar un clavo con un martillo».
- Con los dedos pulgar, índice y medio, coge un clavo y colócalo sobre la tabla de madera.
- Con tu mano dominante, agarra el martillo.
- Mediante pequeños golpes, empieza a clavar el clavo.
- Pregúntele a tu hijo: «¿Quieres continuar?».
- Concluye: «Ahora que ya sabes cómo hacer esta actividad, puedes volver a empezar tantas veces como quieras e ir a buscarla libremente al estante».
- Para ir despacio, primero clava tú mismo el clavo para que tu hijo termine de clavarlo por completo.

Desmontar y volver a montar

Material

En una bandeja:
- Un pequeño aparato de radio.
- Destornilladores pequeños de diferentes tamaños.
- Pequeños recipientes para clasificar los tornillos según su tamaño.
- Un contenedor para poner los elementos desenroscados.

Objetivo principal

- Aprender a desmontar y volver a montar un objeto.

Objetivos indirectos

- Estimular la motricidad fina.
- Mejorar la concentración.
- Aprender a respetar una secuencia.
- Concienciar de la noción de orden.

 Presentación

- Coloque la bandeja sobre la mesa y saque los elementos: la radio frente al niño; los destornilladores arriba perfectamente ordenados de izquierda a derecha, con el mango hacia abajo; a su derecha, los contenedores.
- Pídele que observe bien las piezas que saca.
- Muéstrale cómo desenroscar y guardar en los diferentes recipientes según su tamaño, sin desmontarlo todo.
- Déjalo que continúe él solo. A continuación, ofrécele rehacer el trabajo en el sentido contrario.
- Asegúrate de que identifique correctamente cómo volver a montarlo. Pídele que guarde cada pieza en un contenedor diferente.

Fabricar un objeto de madera

A partir de 7 años

✏️ Material

En una bandeja:
- Piezas medianas (de madera) cortadas en diferentes tamaños.
- Cola o pegamento para madera.
- Clavos.
- Un martillo.

🖐️ Objetivo principal

- Fabricar objetos de madera.

🌐 Objetivos indirectos

- Estimular el desarrollo de la mano.
- Cultivar la creatividad.
- Promover la autonomía.

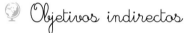 Presentación

- Antes de llevar a cabo esta actividad, tu hijo debe haber aprendido a clavar clavos y a encolar madera.
- Invita a tu hijo a coger un trozo de madera.
- Dile que ponga cola para madera al final de una de las piezas de madera.
- A continuación, pídele que coja otro trozo de madera y con cuidado lo una al otro que acaba de encolar.
- Coge un clavo pequeño y el martillo.
- Introduce el clavo de modo que las piezas queden firmemente unidas.
- Deja que tu hijo continúe esta actividad como desee ensamblando las piezas.

Conclusión de la actividad

- El simple hecho de fabricar sus propios objetos es sumamente importante para tu hijo: mejora el desarrollo de su creatividad y su confianza en sí mismo, porque estará muy orgulloso de ver su propia creación.

Preparar pan

Material

- 3 cucharillas: 1 para la levadura, 1 para el azúcar y 1 para la sal (no mezclar la sal con la levadura, porque la sal reseca la levadura y el pan no crecerá).
- Una taza medidora.
- Una ensaladera.
- Una superficie de trabajo para amasar la masa.
- Un paño húmedo.
- Un bol pequeño para la levadura y el agua.
- Otro bol más grande para dejar reposar la masa.
- Un pincel.
- 280 gramos de harina ecológica T 65.
- Un paquete de levadura.
- Una pizca de azúcar (la punta de una cucharilla).

Objetivo principal

- Preparar pan.

Objetivos indirectos

- Estimular su motricidad.
- Mejorar su concentración.
- Hacer divertidas las matemáticas (concepto de medidas).
- Enseñarle el placer de escribir (si le hacemos escribir la receta).

a Presentación

- Vidarte una cucharilla de levadura en el bol grande. Añade lentamente 100 ml de agua tibia con azúcar (una pizca de azúcar para ayudar a que la levadura actúe) para evitar que la levadura se pegue al recipiente.
- Deja el bol grande a un lado para que la levadura se mezcle bien con el agua tibia.
- Añadir 250 g de harina en otro bol. No aprietes la harina.
- Añade una pizca de sal a la harina, y a continuación mezcla bien.
- Haz un hueco en el centro. Así, la harina no se pegará al borde. Se mezclará mejor y habrá menos grumos en la masa.
- Coge el bol grande que habías apartado y que contiene la levadura, y disuelve poco a poco la levadura en el agua ayudándote de la cuchara.
- Añadir el preparado en el hueco del centro y, desde el medio hacia el borde, mezcla la levadura y la harina usando la cuchara de la levadura.
- Según la estación del año, y las condiciones de humedad de la habitación, ajustaremos: si la masa está un poco líquida, añade un poco más de harina. Si está demasiado pastosa, añade una cantidad muy pequeña de agua. La masa debe agruparse y pegarse. Es decir que puedes empezar a meter las manos en el preparado y mezclarlo hasta hacer una bola. Asegúrate de tener un poco de harina en tus manos para que la masa no se te pegue demasiado en los dedos.
- Espolvorea la superficie de trabajo con harina para evitar que la masa se pegue demasiado. Coloca la bola hecha en el recipiente sobre esta superficie para amasar. Para este paso, es aconsejable la posición de pie para aprovechar el peso del cuerpo y amasar mejor la bola. Trabaja esta masa enrollándola bajo tu mano. Para esto, aplástala un poco con la palma de tu mano y enróllala, luego dóblala de cada lado sobre el centro para reconstituir la bola. Luego dale la vuelta y repite la operación. Se requieren diez minutos para un buen amasado. La masa debe ser elástica y flexible.
- Cuando la masa esté elástica, colócala en el bol pequeño y cúbrela con un paño húmedo. Dejar reposar e hinchar.
- Aprovecha este tiempo para limpiar los utensilios.

- 12-20 minutos después, enharinar de nuevo la superficie de trabajo y empezar a amasar de nuevo (luego podemos dejar reposar).
- 20 minutos para un 3.º amasado (o incluso para un 4.º). Cuanto más se amase la masa, más aireado quedará el pan.

Para ir más lejos

- Durante estas etapas, puedes pedirle a tus otros hijos (si tienes más en casa) que completen la receta con imágenes y texto para hacer una ficha ilustrada. Esto te permitirá mejorar la receta más adelante.
- Esta actividad es realmente enriquecedora para el niño, el cual la valora mucho al permitirle hacer algo que puede ofrecer a los demás; además, el hecho de amasar la masa le aporta beneficios pues favorece la relajación, trabajar su motricidad, etc.
Toma conciencia de la dificultad de hacer pan, que se convierte en una tarea fácil cuando se lo compras al panadero.

Fabricar manteles individuales

✏️ ## Material (para 1 mantel individual)

- Una hoja blanca grande, formato A3.
- 9 hojas de papel de diferentes colores.
- Una regla.

- Un lápiz.
- Un cúter.
- Una laminadora.
- Una hoja de plástico, formato A4.

A partir de
7 años

🖐️ ## Objetivos principales

- Estimular la motricidad fina.
- Mejorar la concentración.

- Promover la autonomía.

🌐 ## Objetivo indirecto

- Proporcionar cuidados a la hora de las comidas.

🔲 ## Presentación

- Dibuja 4 líneas verticales en el lado más pequeño.
- Corta por estas líneas con un cúter, dejando los extremos bien enganchados (no cortar hasta el borde).
- Abre ligeramente estas tiras así cortadas.
- Cortar 9 tiras de papel de 29,7 cm x 4,6 cm de diferentes colores.
- Entretejer las tiras de papel pasándolas por encima y por debajo de las líneas verticales.
- Plastificarlo.

Conclusión de la actividad

- Esta actividad se puede hacer con varias personas, cada una haciendo manteles individuales para ofrecer a los demás.

Limpieza del entorno

✎ Material

A partir de 6 años

- Una escoba.
- Un plumero.
- Algunas esponjas.
- Cuencos.
- Productos de limpieza.
- Libros.
- Plantas.
- Una regadera.
- Un reloj de arena.

🖐 Objetivos principales

- Estimular su motricidad.
- Hacerle consciente del concepto de orden.

🌐 Objetivo indirecto

- Conseguir un ambiente ordenado y agradable en casa.

@ Presentación

- Una vez al día, según hayas planificado, hay que ordenar toda la casa por completo. Cada uno se encarga de una tarea en concreto.
- Uno cuidará el entorno de casa, limpiando las mesas, las sillas, los materiales y las estanterías utilizando escobas, plumeros, bayetas, etc.
- Otro será botánico: regará las plantas y limpiará las hojas.
- Otro será animalista (si tienes mascota): cuidará el entorno del animal en casa.
- Otro será bibliotecario, es decir, recogerá y ordenará los libros en las estanterías correspondientes.
- Se asignará un tiempo con el reloj de arena para cada tarea.

Crear una esponja Tawashi

A partir de
7 años

Vida práctica

✎ Material

- Una tabla de madera de 20 cm x 20 cm.
- 20 clavos de 2,5 cm.
- Calcetines viejos, limpios, usados, talla adulto
  (la cantidad de calcetines depende del número de tawashis
  que quieras hacer).
- Un martillo.
- Un par de tijeras.
- Una regla.
- Un lápiz.

✋ Objetivos principales

- Fabricar una esponja.
- Estimular su motricidad fina.
- Mejorar su concentración.
- Promover la autonomía.

🌐 Objetivos indirectos

- Cuidar su entorno.
- Respetar la naturaleza.

Fabricación del telar

- Coge la tabla de madera y en el centro dibuja un cuadrado
  de 14 cm x 14 cm con el lápiz.
- A cada lado, haz una primera marca a 3 cm del borde del
  cuadrado y luego otras 4 marcas separadas por 3,5 cm
  (la última estará a 3 cm del otro borde).
- Clavar un clavo en cada marca hecha. El telar está listo.

ⓐ Presentación

- Coge los calcetines y córtalos haciendo 10 tiras pequeñas de 10 cm a lo ancho (por lo tanto, las tiras están cerradas, como gomas elásticas).
- Coloca una primera tira de tela sobre 2 clavos opuestos, luego los siguientes, paralelamente.
- Esto es 5 tiras de tela, paralelas entre sí.
- Para hacer tiras perpendiculares, coloca el extremo de una tira sobre un clavo, luego deslízala debajo de la 1.ª tira, luego por encima de la 2ª, luego por debajo de la 3.ª, encima de la 4.ª, debajo de la 5.ª y finalmente pasa el extremo alrededor del clavo.
- Para la próxima tira, repite el mismo proceso, pero empieza pasándola por arriba. Y así sucesivamente para las 5 tiras. El tawashi está tejido.

Cómo sacar el tawashi del telar

- Desate un primer lazo de un clavo, en la esquina del cuadrado, y el lazo de al lado. Es imprescindible que estos dos bucles estén en el mismo lado.
- Pasa el 1.º bucle por el 2.º y mantén solo el 2.º bucle en la mano.
- Continúa así hasta que solo quede un lazo, que te permitirá adherir el tawashi.

Conclusión de la actividad

- Esta actividad es muy importante para enseñar a los niños a reciclar.

Resolver conflictos

✎ Material

A partir de
6 años

- Una mesa y dos sillas o una alfombra, con cojines. En la mesa o en una bandeja grande colocada sobre el tapete:
- Tarjetas tranquilizadoras con imágenes de paz (por ejemplo: la paloma, el signo de la paz, la palabra paz, etc.).
- Una concha (muy interesante porque al escucharla se escucha el mar y esto te obliga a estar quieto y tranquilo).
- Piedras planas y lisas, como guijarros, en las que se pueden escribir palabras de paz.
- Un reloj de arena (porque es importante limitar el tiempo - elegir el tiempo asignado a la gestión del conflicto).
- Una rama de olivo.
- Un palo de lluvia o campana.

✋ Objetivos principales

- Aprender a resolver conflictos.
- Aprender a expresar sus emociones.

🌐 Objetivos indirectos

- Promover la autonomía.
- Convivencia armoniosa.
- Trabajar por una Sociedad de Paz.

a Presentación

- Cuando dos niños estén en conflicto, sugiéreles que vayan a la mesa de la paz y se sienten allí.
- Dale la vuelta al reloj de arena (una vez que se acaba el reloj de arena, el conflicto debe resolverse) y coloca el palo de lluvia sobre la mesa (si has previsto uno).

- El niño que se siente más herido toca las campanas (si las has previsto). Luego pone su mano sobre la mesa, lo que significa que quiere expresarse (puede poner la otra mano sobre su corazón, testificando así que está diciendo la verdad).
- Luego mira al otro niño, dice su nombre y expresa sus sentimientos sobre la situación.
- También expresa cómo le gustaría que se resolviera el conflicto.
- El otro niño entonces habla y expresa sus sentimientos.
- Y así sucesivamente, cada uno por turnos, hasta encontrar una solución. En este momento, los dos niños se dan la mano.
- Uno de los niños toca la campana o lanza el palo de lluvia, lo que significa que el conflicto está resuelto.
- Si los niños no pueden hacerlo solos, se puede llamar a un niño mayor para que haga el papel de mediador.
- También puedes usar un reloj de arena para determinar el tiempo de palabra de todos.

Variante

- Pídeles que lean también biografías de personas que han hecho todo por la paz, como Martin Luther King, Dalai Lama, Gandhi, etc.

Conclusión de la actividad

- La mesa de la paz tiene un papel importante: el niño entonces toma conciencia de que, sea cual sea su edad, su punto de vista será escuchado y que hará justicia. Concluye que los conflictos deben resolverse con franqueza y que si todos ponen su buena voluntad en ello, el ambiente se mantendrá armonioso.
- La mesa de la paz también se puede usar cuando un niño sienta un desbordamiento emocional: si se siente enojado, nervioso, preocupado, enojado o frustrado, puede sentarse allí de manera que use la mesa de la paz como refugio. Los objetos que le permitan visualizar sus emociones se pueden colocar en un estante junto a la mesa de la paz, ya sean muñecos de diferentes colores según la emoción que representen, o botellas con diferentes colorantes alimentarios.

40

El juego del silencio

✎ Material

A partir de
6 años

- Un cartel en el que en el anverso se pegará una imagen que dé una impresión de paz y en el reverso la palabra «silencio».
  Este cartel siempre está colgado en tu salón, siendo la cara visible la que tiene la imagen de la paz.
- Un reloj de arena o una vela con un apagador o una campanilla.

✋ Objetivos principales

- Adquirir autodisciplina.
- Desarrollar la escucha.

🌐 Objetivos indirectos

- Escuchar los sonidos del mundo que nos rodea.
- Sentir la felicidad del silencio.

a Presentación

- Preséntale esta actividad a tu hijo el día en que creas que le gustará hacerla, un día en que esté tranquilo.
- Muestra la imagen pacífica y pregúntale si sería capaz de permanecer muy tranquilo, sentado con las piernas cruzadas, erguido, con las manos apoyadas en los muslos y en silencio, tratando únicamente de escuchar todos los ruidos a su alrededor. Dile que esta actividad se llama el «juego del silencio».
- Luego gira el panel hacia el lado que dice «silencio» y dile: «Guardemos silencio juntos».
- Si tienes un reloj de arena, dale la vuelta y di: «Permaneceremos en silencio hasta que se acabe el reloj de arena».

- Si es una vela, enciéndela tranquilamente. Si tienes una campanilla, hazla sonar suavemente al comienzo de la actividad y nuevamente al final.
- Espera un tiempo corto (1 a 2 minutos) y cuando se alcance el silencio completo durante 1 minuto susurra: «Vas a escuchar mi voz que te llamará por tu nombre y te unirás a mí cuando la escuches».
- En este momento, dirígete lentamente al otro extremo de la habitación o a otra habitación contigua.
- Luego menciona el nombre de tu hijo en voz muy baja.

Variantes

- También puedes jugar al juego del silencio usando un cuenco tibetano. Haz que suene y ofrécete a estar en silencio y escuchar el sonido hasta el final.
- También le puedes pedir que permanezcáis en silencio y escuche todos los ruidos a su alrededor. Cuando termine el juego del silencio, pídele que te cuente lo que escuchó.
- Variación para un solo niño: en el estante, coloque una esterilla para sentarse y un reloj de arena en una canasta. El niño simplemente coge la cesta y se la lleva a un lugar tranquilo de la casa. La desenrolla, y coloca el reloj de arena sobre la esterilla. El niño se sienta en la «esterilla del silencio» con las piernas cruzadas y le da la vuelta al reloj de arena (el adulto decide qué reloj de arena quiere colocar). El niño necesita sentarse, quieto y en silencio, durante la duración del reloj de arena, concentrándose en los ruidos a su alrededor.
- Como ves, esta actividad se puede hacer en grupo o individualmente.
- Tu hijo debe ser capaz de sentir cuándo necesita ese momento de calma.

Leer un plan

 Material

- Un mapa IGN en 1:25.000.

A partir de
7 años

Vida práctica

 Objetivos principales

- Localizarse en un mapa.
- Adquirir habilidades espaciales.
- Desarrollar el conocimiento del entorno.

Objetivos indirectos

- Promover la autonomía.
- Interesarse por el mundo.
- Fomentar la confianza en sí mismo.

a Presentación

El objetivo de esta actividad es enseñar al niño a descodificar una tarjeta para usarla más tarde. Aquí encontrarás una lista de actividades progresivas para poner en práctica, dependiendo de dónde se encuentre.

- Enséñale a tu hijo a comprender la leyenda escrita en el mapa: pídele que ubique los diferentes elementos de la leyenda en el mapa, por ejemplo, un castillo, una iglesia. También indícale que identifique ciertos códigos de color (verde para el bosque, gris para edificios, caminos, etc.).
- Hazlo de manera inversa, es decir pidiéndole que ubique un símbolo en el mapa y que busque en la leyenda su significado.

- Puedes jugar juegos de «buscar y encontrar»: ¿dónde está el cementerio? ¿Dónde están las ruinas? etc.
- Haz que encuentre su pueblo (o su ciudad), los pueblos (o las ciudades) de los alrededores.
- Haz que elija una ruta para ir del punto A al punto B.
- Aprovecha para explicarle también el significado de las curvas de nivel.
- Una vez que el niño esté familiarizado con el mapa, puedes ofrecerle preparar una ruta para una futura caminata.
  Tu hijo debe aprender a orientar el mapa en relación con su propia posición.
  Empieza con caminatas cortas en caminos conocidos.
  Luego dale el mapa de las rutas menos comunes.

Conclusión de la actividad

- Los niños disfrutan mucho con este tipo de actividades donde son ellos los que guían a los adultos.

Usar una brújula

✎ Material

- Una brújula.
- Un mapa.

✋ Objetivos principales

- Comprender cómo funciona una brújula.
- Saber orientarse.

🌐 Objetivos indirectos

- Cultivar el conocimiento del mundo.
- Promover la autonomía.
- Fomentar la confianza en sí mismo.

a Presentación

- Enséñale cómo sostener la brújula totalmente plana en la palma de su mano, poniendo su mano a la altura del pecho. Esta es la mejor posición para sostener una brújula.
- Si usas un mapa, muéstrale cómo colocar el mapa plano y cómo colocar la brújula plana sobre el mapa.
- Empieza a buscar lentamente en qué dirección está mirando o en qué dirección quiere ir. Muéstrale cómo observar la aguja magnética: empezará a oscilar y luego terminará fijándose en dirección norte.
- Luego gira el dial graduado hasta que la flecha de orientación se alinee con el norte indicado por la aguja magnética. Una vez hecho esto, anotad juntos hacia dónde apunta la flecha de dirección. Si la aguja está entre el Norte y el Este, significa que os dirigís al noreste.
- Mira también dónde se alinea la flecha de dirección en el dial de la escala. Si leemos 23, significa que vamos o miramos hacia el 23°, dirección noreste.

Hacer una pirámide de cuentas

✏️ ## Material

En una bandeja:
- Un recipiente con cuentas de los siguientes colores
  (para una pirámide de cuentas): 1 rojo; 2 verdes; 3 rosas;
  4 amarillas; 5 azul claro; 6 malva; 7 blanco; 8 marrones; 9 azul
  marino; 10 dorado.
- Otro recipiente con fichas del mismo color que el anterior.

En otro recipiente:
- Limpiapipas de los mismos colores que las cuentas.
- Un par de tijeras.
- Una hoja blanca de papel, formato A4, en la que se dibujan
las cuentas (del mismo tamaño que las del tablero) formando la
pirámide de cuentas (1 arriba, luego 2 abajo, 3 abajo, etc.).

✋ ## Objetivos principales

- Estimular la motricidad fina.
- Desarrollar la concentración.
- Promover la autonomía.

🌐 ## Objetivos indirectos

- Promover la escritura de manera lúdica.
- Hacer que las matemáticas sean divertidas.

a ## Presentación Actividad 1

- Indícale al niño que coja el primer limpiapipas rojo y le dé la vuelta
  a un extremo.
- A continuación, pídele que coja la cuenta roja con los tres dedos
  de su mano (pulgar, índice, dedo medio) y que la pase poco a
  poco por el limpiapipas.

- Indícale que corte el limpiapipas a 1 cm de la cuenta y que dé la vuelta al extremo para cerrar el limpiapipas.
- Pídele a tu hijo que siga así con las otras cuentas, sabiendo que es importante respetar los siguientes colores:
  línea 2: cuentas verdes, línea 3: cuentas rosas, línea 4: cuentas amarillas,
  línea 5: cuentas azul claro, línea 6: cuentas malva,
  línea 7: cuentas blancas, línea 8: cuentas marrones,
  línea 9: cuentas azul marino, línea 10: cuentas doradas.

a Presentación Actividad 2

- Dale a tu hijo la hoja en la que está dibujada la pirámide de cuentas. Indícale que coja las pinzas con los tres dedos de la mano (pulgar, índice, dedo medio) y luego la cuenta roja con cuidado. El objetivo es ponerlo en la ubicación superior que representa el 1.
- Luego invítale a seguir el proceso cogiendo una cuenta verde y colocándola en la segunda línea a la izquierda y luego otra y colocándola a su derecha, etc.

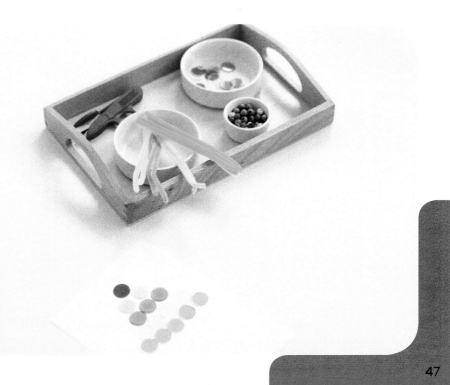

Mates

La tabla de agujeros

Este material es muy interesante pues permite tener una visión concreta de las operaciones y avanzar gradualmente hacia lo abstracto. Se puede utilizar para sumar, restar, multiplicar, para los múltiplos, los divisores, los números cuadrados y las raíces cuadradas.

✎ Material

- Un tablero contrachapado cuadrado de 26 cm y 1 cm de grosor.
- Un taladro con una broca de 1,5 mm menos que las cuentas elegidas.
- 50 cuentas rojas.
- 50 cuentas azules.
- 100 cuentas verdes.
- 4 cajas o vasos: 2 verdes (para poner las cuentas de las unidades y las unidades de millar), 1 azul para poner las cuentas de las decenas, y 1 rojo para poner las cuentas rojas de las centenas.
- 1 regla.
- 1 lápiz.

a Fabricación

- Dibuja un marco cuadrado a 1 cm de cada borde del cuadrado.
- En este cuadrado, traza líneas horizontales de manera que haya alrededor de 16 y otras tantas líneas verticales.
- En cada punto de intersección de estas líneas, haz un agujero de un diámetro ligeramente inferior al de las cuentas, para que puedan insertarse y retirarse fácilmente.

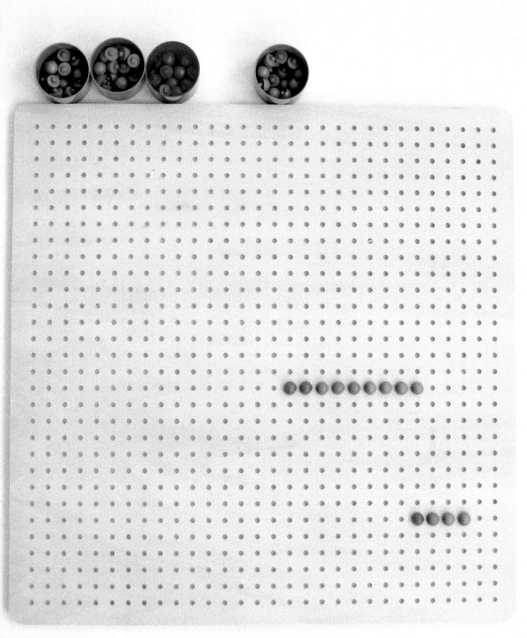

Sumar con la tabla de agujeros

A partir de 7 años

Material

- El tablero con agujeros.
- Las cuentas.
- Fichas de sumas.

Objetivos principales

- Comprender el concepto de suma.
- Hacer una suma de forma concreta.

Objetivos indirectos

- Desarrollar su razonamiento.
- Mejorar su concentración.
- Estimular la motricidad fina.

Preparación de las fichas

- En el anverso de cada ficha, añade una suma, respetando los colores: dígito de las unidades en verde, dígito de las decenas en azul, dígito de las centenas en rojo, dígito de las unidades de millar en verde.
- En el reverso, escribe el resultado para autocorrección.

Presentación

- Coge una ficha, por ejemplo: 6 523 + 3 134 y colócala verticalmente sobre la mesa.
- En la parte superior derecha del tablero con agujeros, coloque el 1.º sumando (6 523) empezando con las cuentas verdes de las

unidades. Después, pon 3 cuentas verdes verticalmente, luego al lado 2 cuentas azules, después 5 cuentas rojas. Deja un espacio y coloca 6 cuentas verdes verticalmente.

- Debajo, dejando aproximadamente dos filas de huecos vacíos, coloca el segundo sumando (3 134), siempre empezando con las cuentas verdes de las unidades o bien: debajo de las unidades, siempre en forma vertical, 4 cuentas verdes, 3 cuentas azules, 1 cuenta roja y 3 cuentas verdes de millares.

- Haz un signo «+» en un trozo pequeño de papel y colócalo entre los dos sumandos. Debajo, coloca también un pequeño signo «=» que hayas hecho en un pequeño trozo de papel. Dile a tu hijo: «*Sumar es juntarlo todo y recogerlo verticalmente, las unidades, las decenas, las centenas y los millares*».

- Luego, invítale a contar el resultado, empezando siempre por las unidades y tomando las cuentas una a una. Dile que las coloque horizontalmente de derecha a izquierda.

- Entonces, ponemos: 7 cuentas verdes, 5 cuentas azules, 6 cuentas rojas y dejando un espacio hueco 9 cuentas verdes. Escribe el resultado en una hoja de papel: 9 657. Muéstrale a tu hijo que al girar la hoja de operaciones, se encuentra el resultado correcto.

Para ir más lejos

- Enseguida podemos pasar a las sumas con llevadas o sumas dinámicas: cada vez que el niño cuente 10 cuentas verdes de unidades, le preguntaremos por qué las puede cambiar y tomaremos una cuenta azul en lugar de estas unidades.

- El mismo proceso para las decenas: cada vez que el niño cuente 10 cuentas azules, las cambiará por una roja que colocará encima de las rojas como se hace en el papel con la retención.

- Y lo mismo con las cuentas de centenas: cada vez que cuente 10, puede cambiarlas por una cuenta verde de mil que coloca encima de las cuentas verdes de mil.

- Cuando el niño haya practicado, le podrás sugerir que escriba al mismo tiempo que practica para avanzar progresivamente hacia lo abstracto.

Restar con el tablero de agujeros

✎ Material

- El tablero con agujeros.
- Las cuentas.
- Las fichas de restas.

✋ Objetivos principales

- Comprender el concepto de resta.
- Hacer una resta de forma concreta.

🌐 Objetivos indirectos

- Desarrollar su razonamiento.
- Mejorar la concentración.
- Estimular la motricidad fina.

✂ Preparación de las fichas

- En el anverso de cada ficha, pon una resta respetando los colores: dígito de las unidades en verde, dígito de las decenas en azul, dígito de las centenas en rojo, dígito de las unidades de millar en verde.
- En el reverso, escribe el resultado para autocorrección.

a Presentación

- Coge una ficha, por ejemplo: 7 825 – 2 513 y colócala verticalmente sobre la mesa.
- En la parte superior derecha del tablero, coloca el primer sumando (7 825) empezando con las cuentas de unidad verdes. Entonces, coloca 5 cuentas verdes verticalmente, luego al lado pon 2 cuentas

Matemáticas

azules, luego 8 cuentas rojas. Deja un espacio y coloca verticalmente 7 cuentas verdes.

- Abajo, dejando unas dos filas de huecos vacíos, coloca el segundo sumando (2513), empezando siempre por las cuentas verdes de las unidades o bien: debajo de las unidades, siempre en vertical, 3 cuentas verdes, 1 azul, 5 rojas y 2 cuentas verdes de millares.
- Haz un pequeño signo «–» en una hoja de papel y colócalo entre los dos sumandos. Debajo, coloca también un pequeño signo «=» que hayas hecho en un pequeño trozo de papel. Dile a tu hijo: «*Restar es quitar, sacar, así que vamos a quitar*».
- Luego invítale a contar el resultado. De las unidades quita 3 cuentas verdes, de las decenas quita 1 azul, de las centenas quita 5 rojas y de los millares quita 2 cuentas verdes.
- A continuación, cuenta lo que queda que será el resultado de la resta. Empieza siempre con las unidades tomando las cuentas una por una y colocándolas horizontalmente de derecha a izquierda.
- Entonces ponemos: 2 cuentas verdes, 1 cuenta azul, 3 cuentas rojas y dejando un espacio hueco 5 cuentas verdes. Escribe el resultado en una hoja de papel: 5312.
- Muéstrale a tu hijo que al girar la hoja de operaciones, se encuentra el resultado correcto.

Para ir más lejos

- Luego podemos pasar a las restas con llevadas o restas dinámicas: cada vez que el niño no tenga suficientes cuentas para sacarlas, tendrá que ir a buscar algunas en la jerarquía de arriba y por lo tanto volver a hacer intercambios. Es decir que si no tiene suficientes unidades para retirar lo que tiene que retirar, irá y cogerá una cuenta azul de decenas para cambiarla por 10 cuentas verdes de unidades.
- Lo mismo para las decenas: cada vez que el niño no tenga suficientes decenas para sacar lo que tiene que sacar, tendrá que tomar una centena en el número original y cambiar la cuenta roja por 10 cuentas azules que colocará a continuación de las cuentas azules, etc.
- Cuando el niño haya practicado, le podrás sugerir que escriba al mismo tiempo que practica para avanzar gradualmente hacia lo abstracto.

La multiplicación con el tablero de agujeros

A partir de 8 años

✏ Material

- El tablero con agujeros.
- Las cuentas.
- Fichas de multiplicaciones.

✋ Objetivos principales

- Comprender el concepto de multiplicación.
- Hacer una multiplicación de forma concreta.

🌐 Objetivos indirectos

- Desarrollar su razonamiento.
- Mejorar la concentración.
- Estimular la motricidad fina.

✂ Preparación de las fichas

- En el anverso de cada ficha, añade una multiplicación respetando los colores: dígito de las unidades en verde, dígito de las decenas en azul, dígito de las centenas en rojo, dígito de las unidades de millar en verde.
- En el reverso, escribe el resultado para autocorrección.

a Presentación

- Coge una ficha, por ejemplo: 24 x 6 y colócala verticalmente sobre la mesa.
- Coloca verticalmente la multiplicadora (24), empezando por las unidades y de derecha a izquierda: 4 cuentas verdes y junto a ellas 2 cuentas azules.

- Dejando dos huecos a la derecha después de las unidades y dos huecos en vertical, luego colocamos la multiplicadora, es decir 6 cuentas verdes.
- Escribe el signo «x» en un trozo pequeño de papel y colócalo en el ángulo entre la línea horizontal del multiplicando y la línea vertical del multiplicador.
- Luego multiplica, 1 unidad por 1 unidad es igual a 1 unidad y así completa la parte entera de cuentas verdes multiplicada por cuentas verdes con cuentas verdes.
- Dirígete a las dos decenas y dile a tu hijo: «*Una decena multiplicada por una unidad es igual a una decena*» y así completas la parte de las decenas multiplicada por unas unidades con cuentas azules. Cuando todo el rectángulo esté cubierto con cuentas azules y verdes la multiplicación está terminada.
- Luego agrupa las cuentas verdes y haz intercambios: cada vez que haya 10 cuentas verdes, cámbialas por una cuenta azul que colocas con las cuentas azules. Ahora tienes 4 cuentas verdes y 2 cuentas azules.
- Coloca las 4 cuentas verdes horizontalmente en el tablero de derecha a izquierda. Después cuente las cuentas azules e intercambia: por cada 10 cuentas azules, cámbialas con 1 cuenta roja y así obtienes 1 cuenta roja, 4 azules y 4 verdes que colocas horizontalmente de izquierda a derecha.
- Escribe tu resultado en una pequeña hoja de papel blanco y compara la respuesta anotada en el reverso de la hoja de operaciones.

Para ir más lejos

- De la misma manera, puedes continuar con multiplicaciones con varios dígitos en el multiplicador, como 46 x 25.
- Cuando el niño haya practicado, le podrás sugerir que escriba al mismo tiempo que practica para avanzar gradualmente hacia lo abstracto.

05

Los múltiplos con el tablero de agujeros

✏ Material

- El tablero con agujeros.
- Cuentas verdes y rojas (el color no será representativo de unidades y centenas).
- Hojas de papel blancas, tamaño A4.
- Una regla.
- Lápices de colores.

✋ Objetivo principal

- Comprender la noción de múltiplos de un número.

🌐 Objetivos indirectos

- Introducción a los conceptos de múltiplo común.
- Introducción para reducciones de fracciones y operaciones con fracciones.
- Introducción al concepto de números primos.
- Desarrollar su razonamiento.
- Mejorar la concentración.

a Presentación

- En un pequeño cuadrado de papel, escriba el número 2 y colóquelo a la derecha, en la parte superior de la tabla de agujeros. Anuncia que vas a buscar todos los múltiplos de 2.
- En una hoja de papel, escribe el número 2 en la parte superior central y abajo, escribe todos los múltiplos de 2 que encuentres en la tabla.
- Coloca 2 cuentas verdes en forma vertical y escribe 2; coloca 2 cuentas rojas debajo y escribe 4; coloca 2 cuentas verdes y escribe 6, etc. Así tienes la lista de múltiplos de 2: 2, 4, 6, 8, 10, 12…

- En otra hoja de papel, escribe el número 3 y colócalo arriba, a la derecha del número 2. Abajo, coloca 3 cuentas verdes y escribe 3; luego 3 cuentas rojas y escribe 6; luego 3 cuentas verdes y escribe 9; luego 3 cuentas rojas y escribe 12, etc. Tienes la lista de múltiplos de 3: 3, 6, 9, 12, 15, 18…
- Continúa así con los múltiplos de 4, 5, 6…
- En las hojas, tu hijo habrá copiado todos los múltiplos de 2, 3, 4, 5, etc., hasta 9 y cuyo resultado da 100.

Conclusión de la actividad

- Este método también almacenará los múltiplos de cada dígito del 1 al 9.

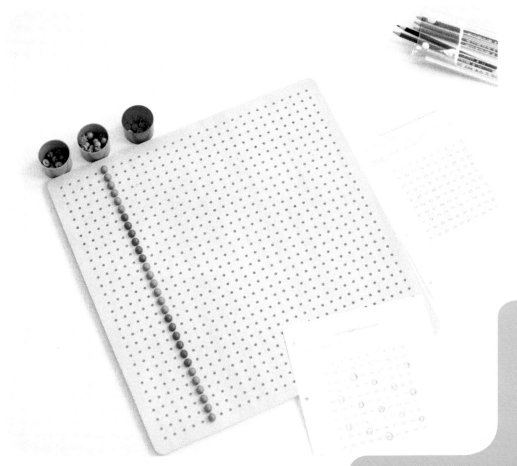

Los múltiplos comunes a dos números

A partir de 8 años

Material

- La tabla con agujeros.
- Las cuentas verdes y rojas (el color no será representativo de unidades y centenas).
- Hojas de papel, tamaño A4.
- Una regla.
- Lápices de colores.

Objetivo principal

- Comprender el concepto de múltiplos de un número.

Objetivos indirectos

- Objetivo indirectos.
- Introducción al concepto de múltiples comunes.
- Introducción para reducciones de fracciones y operaciones sobre fracciones.
- Prepárese para el concepto de números primos.
- Desarrollar su razonamiento.
- Mejorar la concentración.

Presentación

- Coge una regla y explícale a tu hijo que va a buscar los múltiplos comunes de 2 y 3.

- Coloca la regla en forma horizontal y dile que cada vez que haya un cambio en los colores de cuentas en forma vertical, mirarás si ese cambio existe para ambas columnas. En caso afirmativo, podrás concluir que has encontrado un múltiplo común de estos dos números 2 y 3.
- Comience en el primer cambio de color de la cuenta en múltiplos de 2: coloque la regla verticalmente y verá que en la línea vertical de múltiplos de 3, no hay cambio de color de la cuenta.
- Continúa y coloca la regla debajo de 6 cuentas de la línea de 2, y verás que en la línea vertical de 3, el color de las cuentas cambia. Entonces puedes deducir que 6 es un múltiplo común de 2 y 3.
- Continúa así y encuentra los múltiplos comunes de 2 y 3 que son: 6, 12, 18, 24, etc.

Para ir más lejos

- Puedes hacer lo mismo con otros números.

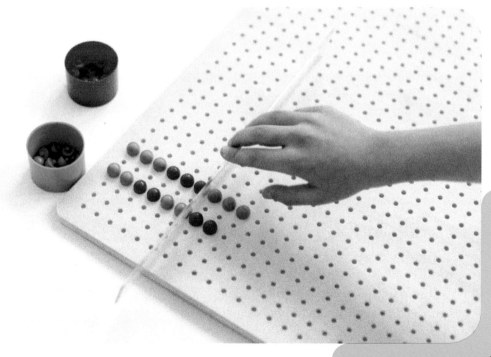

07

Los números primos

✏️ **Material**

- 10 hojas de papel blanco, formato A4, en las que se escribirán los números del 1 al 100 en forma de cuadrado: 1.ª línea: del 1 al 10; 2.ª línea: 11 a 20; 3.ª línea: 21 a 30; última línea: del 91 al 100 (el niño habrá trabajado previamente los múltiplos de los números del 2 al 9).
- Lápices de diferentes colores: rojo, verde, rosa, amarillo, azul claro, gris, malva, marrón, azul marino.

✋ **Objetivo principal**

- Descubrir qué es un número primo y crear un listado.

🌐 **Objetivos indirectos**

- Desarrollar el razonamiento matemático.
- Mejorar la concentración.
- Prepararse para las fracciones y el estudio de múltiplos comunes (máximo y mínimo).

🅐 **Presentación**

- Coge una primera hoja e indícale a tu hijo que marque con un círculo verde todos los múltiplos de 2 con el lápiz verde.
- Coge una segunda hoja y pídele que marque con un círculo todos los múltiplos de 3 con el lápiz rosa.
- Coge una tercera hoja y pídele que marque con un círculo todos los múltiplos de 4 con el lápiz amarillo.
- Continúa así, usando una hoja para cada múltiplo, respetando los siguientes colores: múltiplos de 5: celeste; de 6: en gris (la barra de 6 es blanca); de 7: malva; de 8: marrón; de 9: azul marino.
- Luego, en la última hoja, marca con un círculo los múltiplos de

2 en verde, los múltiplos de 3 en rosa, los múltiplos de 4 en amarillo, etc., hasta múltiplos de 9 en azul marino.

- Señálale a tu hijo que en este tablero, algunos números solo están marcados con un círculo o ninguno. Esto significa que solo son múltiplos de 1 y de ellos mismos.
- Por ejemplo: 2 = 2 x 1, 5 = 5 x 1, 11 = 11 x 1 mientras que 6 = 6 x 1 pero también 3 x 2 o 12 = 3 x 4, 12 = 6 x 2, 12 = 12 x 1.
- Explícale que aquellos números que son solo múltiplos de 1 y de ellos mismos se llaman números primos. Para terminar, pídele que escriba la lista de números primos en una hoja de papel, observando en esta última tabla los números que no están rodeados o sólo por un solo círculo.

Conclusión de la actividad

- También podemos añadir, una vez hecha la lista, que estos números sólo tienen y a ellos mismos uno como factores. Esta lista ayudará al niño para la reducción de fracciones durante las operaciones con fracciones.

Mínimo común múltiplo

✏ Material

- El tablero de clavos.
- Clavos verdes y azules (alrededor de 50 de cada color).
- Una línea negra cortada en papel negro (del largo del tablero y 1 cm de ancho).
- Un lápiz.
- Un doble decímetro.
- Un bloc de notas.
- Bolígrafos azules y verdes.

A partir de 8 años

✋ Objetivo principal

- Hallar de forma concreta el mínimo común múltiplo de dos números.

🌐 Objetivos indirectos

- Desarrollar el razonamiento matemático.
- Mejorar la concentración.
- Prepararse para las fracciones y el estudio de los múltiplos comunes (máximo y mínimo).

a Presentación

- Juntos, vais a buscar el mínimo común múltiplo de varios números, por ejemplo 12, 24 y 36.
- En una pequeña hoja cuadrada de papel, escribe el número 12 y colócalo encima del tablero de clavos, en el lado izquierdo.
- Invita a tu hijo a coger el tablero de clavos y, en la parte superior debajo del 12, colocad un clavo azul y dos clavos verdes al lado, verticalmente.
- Pídele que coloque la línea negra recortada, verticalmente, a la derecha de estos clavos y pregúntale cuál es el mínimo factor de 12. A lo que responderá: «2, porque 6 veces 2 es igual a 12».

- Entonces, pídele que recorte un pequeño cuadrado y debajo escriba el número 2, que colocaremos a la derecha de la línea negra.
- Indícale que coja 6 clavos verdes y los coloque verticalmente en línea con el 2 de 12, dejando un hueco entre los dos.
- Seguid buscando juntos el mínimo factor múltiplo de 6 (es 2 porque 2 veces 3 es igual a 6). Entonces, poned un cuadrado en el que habrá escrito 2 y colocad 3 clavos debajo de los otros 6 clavos, dejando un agujero por espacio.
- Ahora buscad el factor más pequeño de 3. Es él mismo, porque 3 se puede tomar de una vez. Así que poned un pequeño 3 escrito en un cuadrado blanco, a la derecha de la línea negra y un clavo verde debajo de los otros, dejando un espacio de un agujero.
- Muéstrale a tu hijo, mediante los pequeños trozos de papel, que $12 = 2 \times 2 \times 3$ y explícale que de esta manera ha encontrado los factores primos de 12, que son 2, 2 y 3.
- Repetid la operación con el 24 y el 36, luego coge los papeles pequeños y superponlos de la siguiente manera: los primeros 2 de 24 en los primeros 2 de 12, así como los primeros 2 de 36 en este paquete; el segundo 2 de 24 y el segundo de 36 el segundo de 24; los primeros 3 de 24 en los primeros terceros de 12; el primer 3 de 36 en el primer 3 de 12 y 24.
- Queda por tanto la sub 24, un 2 y la sub 36, un 3.
- Luego reúne todos estos cuadrados de papel, dejando juntos los que están bien en el mismo montón y colócalos formando una línea horizontal.
  Entonces tenemos: un paquete con tres 2; un paquete con otros tres 2; un 2 solo; un paquete con tres 3; un 3 solo.
- Entonces podemos decir que el mínimo común múltiplo de 12, 24 y 36 es: $2 \times 2 \times 2 \times 3 \times 3 = 72$. Lo encontramos mirando los papeles pequeños.

Conclusión de la actividad

- A continuación, sugiérele a tu hijo que, una vez haya aprendido el método, lo practique realizando el cálculo de esta manera de otros mínimos comunes múltiplos (mcm).
- Es importante recalcar que los factores deben ser números primos.

09

Los divisores

✎ **Material**

- Un tablero de agujeros.
- Unos 50 clavos de plástico verdes adaptados al tablero.
- Un cuenco.
- Hojas blancas, formato A4.
- Un lápiz.

A partir de 8 años

🖐 **Objetivo principal**

- Encontrar todos los divisores o factores de un número.

🌎 **Objetivos indirectos**

- Desarrollar el razonamiento matemático.
- Mejorar la concentración.
- Introducción a las fracciones.
- Estimular la motricidad fina.

🄰 **Presentación**

- Prepara el tablero de agujeros y cuenco pequeño; pídele a tu hijo que ponga dentro del cuenco 18 clavos verdes. El objetivo es ver si lo podemos dividir en 2, es decir, cuántos grupos de 2 podemos hacer con los 18 clavos.
- En el tablero ponemos en vertical 2 clavos, luego otros 2, luego otros 2, etc. Vemos que tenemos 9 grupos de 2, por lo que 2 es divisor de 18.
- En una hoja de papel en cuya parte superior tu hijo haya escrito: «divisores de 18», escribid debajo el número 2 y al lado «sí».
- Indícale a tu hijo que vuelva a poner 18 clavos en el cuenco y que esta vez intente dividirlos en tres, formando grupos de 3

horizontalmente y colocándolos uno debajo del otro en el tablero: un grupo de 3, debajo de otro grupo de 3, etc. Vemos que podemos hacer 6 grupos de 3 clavos cada uno. Entonces, en la hoja de papel podéis escribir 3: «sí».

- Pídele a tu hijo que ponga 18 clavos más en el cuenco. Esta vez debe intentar dividirlo en cuatro, haciendo grupos de 4 horizontalmente y colocándolos uno debajo del otro en el tablero. Veréis que esto no es exacto, porque sobran 2 clavos cuando hemos podido completar 4 grupos de 4 clavos. Entonces, en la hoja de papel escribiréis 4: «no».

- Continuad con el 5 y delante del 5 escribid «no», porque el 5 tampoco es divisor de 18. Haced lo mismo con el 6 y delante del 6 escribid «sí», porque podemos hacer 3 grupos de 6 clavos sin que sobre ni falte ningún clavo en cada grupo de 6. Continuad así. Veréis que 9 también es divisor de 18 y que 18 también lo es.

- Explícale a tu hijo que los números que dividen a 18 se llaman factores de 18, por lo que los factores de 18 son 1, 2, 3, 6, 9 y 18. También puede escribir en la hoja:
$$18 = 2 \times 9; \quad 18 = 3 \times 6; \quad 18 = 6 \times 3; \quad 18 = 9 \times 2.$$

- Ahora podéis intentar dividir los factores de 18.
En 18 = 2 x 9, ¿puede 2 ser dividido? No, entonces dejamos el 2.
En 18 = 3 x 9, ¿puede 9 ser dividido?
Sí, 9 es igual a 3 X 3 entonces se puede escribir 18 = 2 X 3 X 3.

En 18 = 3 x 6, ¿puede 6 ser dividido?
Sí, 6 es igual a 3 X 2 entonces 18 = 3 X 2 X 3.

En 18 = 6 x 3, ¿puede 6 ser dividido?
Sí, 6 es igual a 3 X 2 entonces 18 = 3 X 3 X 2.

En 18 = 9 x 2, ¿puede 9 ser dividido?
Sí, 9 es igual a 3 X 3 entonces 18 = 3 X 3 X 2.

- Por lo tanto, verificamos que todos estos números son factores de 18. Y podemos decir que 3 y 2 son los factores primos de 18.

Para ir más lejos

- Invita a tu hijo a encontrar los factores de otros números como 12, 24, etc. Puedes pedirle que encuentre los factores de un número primo como 29 y así entenderá de una vez por todas el concepto de un número primo.

10

Las fracciones

✎ Material

- Una caja grande de cartón.
- Un cúter.
- Una regla.
- Pintura roja.
- Un pincel.
- Varias hojas de papel blanco, formato A4.
- Un lápiz.
- Un par de tijeras.

A partir de
8 años

✋ Objetivo principal

- Comprender qué es una fracción.

🌐 Objetivos indirectos

- Introducción a las operaciones con fracciones.
- Introducción a los decimales.
- Desarrollar su razonamiento.
- Mejorar la concentración.

✂ Preparación de la actividad

- Corta 10 círculos de unos 4 cm de diámetro del cartón grande: 1 se queda entero; 1 se divide en dos partes; 1 se divide en tres partes; 1 se divide en cuatro partes; 1 se divide en cinco partes; 1 se divide en seis partes; 1 se divide en 7 partes; 1 se divide en 8 partes; 1 se divide en 9 partes; 1 se divide en 10 partes.
- Pinta de rojo el interior de los 10 círculos.

- Coloca todas las fracciones sobre la mesa empezando por el círculo entero que colocas arriba a la izquierda, después el dividido en dos, luego el dividido en tres, así hasta el dividido en 5 partes iguales.
- En una línea, arriba, coloca de izquierda a derecha el círculo dividido en 6 partes, luego el dividido en 7, etc.
- Muéstrale el círculo a tu hijo y explícale que es «1» porque es «1 círculo» y por lo tanto es como el número «1». Luego explícale que un día quisimos inventar números más pequeños que «1»: entonces decidimos cortar el «1» en dos partes. Haz el gesto de cortar el círculo rojo «1» en dos partes con una separación horizontal.
- Al mismo tiempo, dibuja una línea horizontal en una hoja: «_____» o coloca un palo horizontalmente en la hoja. Pregúntale a tu hijo cuántas partes se hicieron cortando «1» en «dos» Él te responde: «2», entonces escribimos un «2» debajo de la línea:

$$\frac{}{2}$$

- Explícale a tu hijo que esto se llama «mitad».
- A continuación, pasa al círculo dividido en tres partes rojas y pregúntale: «¿Cuántas partes rojas tengo en la familia de los terceros (o tercios)?» Tu hijo responde: «3». Entonces coloca un «3» debajo de la línea horizontal, de la siguiente manera:

$$\frac{}{3}$$

- Dile a tu hijo que esto se llama un «tercio». Explícale que este número colocado debajo de la línea se llama «denominador».
- Luego, pregúntale cuál es el denominador en la familia de los cuatros, mostrando el círculo con las 4 partes. El niño responde: «4» y escribimos de la siguiente manera:

$$\frac{}{4}$$

- Dile a tu hijo que a esto se le llama un «cuarto». Y así hasta 10.

- A continuación, coge de nuevo el círculo separado en dos partes. Toma una de las dos partes rojas y explícale que cuando quiera hablar de un solo miembro de la familia de los segundos, se pone un «1» encima de la línea, así:

$$\frac{1}{2}$$

- Si queremos hablar de un miembro de la familia de los terceros (o tercios), se pone el 1 encima de la línea, tal que así:

$$\frac{1}{3}$$

- Explícale que el número de arriba de la línea se llama numerador. Indícale también que si quiere hablar de más de un miembro en una familia, por ejemplo, dos tercios, se escribe:

$$\frac{2}{3}$$

- Cuando tu hijo comprenda la escritura, prepara etiquetas con los diferentes nombres de las fracciones. Pídele que coja los diferentes círculos rojos y los coloque al lado de las etiquetas. Por ejemplo:

$$\frac{3}{4} \quad \frac{4}{6} \quad \frac{5}{7} \quad \frac{2}{3} \quad \frac{9}{9}$$

Conclusión de la actividad

- Es muy importante que el niño practique bastante estas fracciones para que también desarrolle el reconocimiento visual.

11

Reducción de fracciones a un mismo denominador

✎ Material

- Los 10 círculos de cartón de la actividad 10.

A partir de
8 años

✿ Objetivos principales

- Comprender que las fracciones pueden ser equivalentes.
- Desarrollar el reconocimiento visual de fracciones equivalentes.

◉ Objetivos indirectos

- Prepararse para operaciones con fracciones.
- Introducción a los números decimales.
- Desarrollar su razonamiento.
- Mejorar su concentración.

ⓐ Presentación

- Coméntale a tu hijo: «Hoy vamos a ver si ciertas fracciones tienen el mismo valor que otras, vamos a ver si cubren la misma superficie en los círculos».
- Empezamos con el 1/2 círculo de cartón, lo ponemos frente al niño y le preguntamos: «¿El 1/3 va encima? ¿Tienen la misma superficie? No… Seguimos con el 2/4…» «Sí, dos cuartos cubren la misma área que un medio» y escribimos:

$$\frac{1}{2} = \frac{2}{4}$$

- Seguimos con los sextos, y sí 3/6 = 1/2, y escribimos:

$$\frac{1}{2} = \frac{3}{6}$$

- Y seguimos con los octavos y sí 4/8 = 1/2 y escribimos:

$$\frac{1}{2} = \frac{4}{8}$$

- Y seguimos con las décimas y sí 5/10 = 1/2 y escribimos:

$$\frac{5}{10} = \frac{1}{2}$$

- Conclusión: todos cubren la misma área, tienen la misma área, tienen el mismo valor, el mismo valor fraccionario.

Conclusión de la actividad

- El objetivo de este trabajo es familiarizar a tu hijo con el concepto de las equivalencias entre dos fracciones. Así, lo preparamos para operaciones con fracciones donde se le pedirá que exprese los resultados de la manera más simplificada posible.
- Es muy importante que esta práctica se mantenga en el tiempo para que tu hijo memorice inconscientemente las fracciones equivalentes.

La suma de fracciones

✎ Material

- Los 10 círculos de cartón de la actividad 10.

✋ Objetivos principales

- Aprender a sumar fracciones.
- Introducción a la suma con fracciones cuyo denominador sea mayor que 10.

🌐 Objetivos indirectos

- Preparación para todas las operaciones con fracciones.
- Desarrollar su razonamiento.
- Mejorar la concentración.

a Presentación

Fracciones con el mismo denominador

$$\frac{3}{8} + \frac{1}{8}$$

- Invita a tu hijo a colocar primero 3/8 y luego 1/8 frente a él. Sabe que cuando se suma, se pone todo junto, sí que reagrupa los octavos y cuenta que da 4/8; luego busca la equivalencia e inmediatamente ve que es igual a 1/2.
Se puede escribir la respuesta tal que:

$$\frac{3}{8} + \frac{1}{8} = \frac{4}{8} = \frac{1}{2}$$

- Podemos realizar la siguiente observación: «Cuando sumamos dos fracciones con el mismo denominador, sumamos los numeradores pero el denominador sigue siendo el mismo». Indícale que practique con muchos ejemplos como este y, si es necesario, subraye el denominador en rojo, para que se dé cuenta de que los denominadores no se suman sino que siguen siendo los mismos.

Fracciones con diferente denominador
5/8 - 1/4

- Pídele a tu hijo que se ponga delante los diferentes elementos de las fracciones, para que pueda ver que estos elementos son diferentes. Los puede poner juntos, pero verá que no encuentra respuesta. Debe experimentar con ello hasta que se dé cuenta de que con un círculo de octavos puede encontrar equivalentes en los cuartos. Verá que 3/4 es igual a 6/8. Por lo tanto, reemplaza los octavos todos juntos. Escribe:

$$\frac{3}{4} + \frac{1}{8} = \frac{6}{8} + \frac{1}{8} = \frac{7}{8}$$

- Continúa con otros ejemplos donde será necesario reducir fracciones como 1/2 + 2/5 (ver actividad 11).
- Luego le haces observar la regla: «Cuando sumas fracciones con diferente denominador, primero debes reducir una o ambas fracciones para que sus denominadores sean iguales».

Conclusión de la actividad

- La práctica debe mantenerse en el tiempo y preferiblemente ser repetitiva hasta que el niño descubra la regla por sí mismo. Es bueno entonces hacer que él lo escriba.

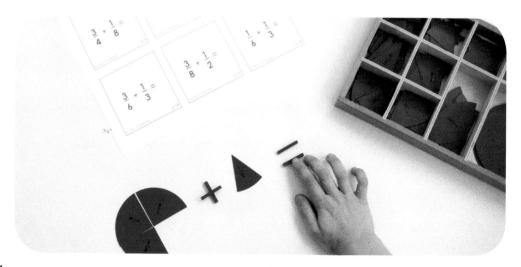

Las restas de fracciones

✎ **Material**

- Los 10 círculos de cartón de la actividad 10.

A partir de 8 años

✋ **Objetivos principales**

- Aprender a restar fracciones.
- Introducción a la resta con fracciones cuyo denominador sea mayor que 10.

🌐 **Objetivos indirectos**

- Prepararse para todas las operaciones con fracciones.
- Desarrollar su razonamiento.
- Mejorar la concentración.

a **Presentación**

Fracciones con el mismo denominador

Ejemplo: 5/8 - 3/8

- Invita a tu hijo a colocar 5/8 frente a él. Luego, pídele que quite 1/4. Quedan 2/8, que puede simplificarse en 1/4. Se escribe:

$$\frac{5}{8} - \frac{3}{8} = \frac{2}{8} = \frac{1}{4}$$

- Luego indícale la regla: «Para restar fracciones con el mismo denominador, se resta el numerador más pequeño del más grande, y el denominador sigue siendo el mismo. Simplificar o reducir si es posible». Puedes subrayar los denominadores en rojo para enseñarle que siguen siendo los mismos.

Matemáticas

Fracciones con distinto denominador
Ejemplo: 5/8 -1/4

- Tu hijo es en principio capaz de darse cuenta de que tiene que hacer simplificaciones porque ya lo ha hecho antes. Está claro que 1/4 no se puede quitar de 5/8.
- Así que trata de intercambiar 1/4 con octavos y encuentra 1/4 = 2/8. Por lo tanto, puede quitar los 2/8 al 5/8 y quedan 3/8 y que podemos escribir:

$$\frac{5}{8} - \frac{1}{4} = \frac{5}{8} - \frac{2}{8} = \frac{3}{8}$$

- Luego muéstrale la regla: «Cuando se restan fracciones de diferentes denominadores, hay que reducir una fracción o ambas para que los denominadores sean iguales».

Conclusión de la actividad

- Practicar largo y tendido repetidamente hasta que el niño descubra la regla por sí mismo. Es aconsejable hacer que él lo escriba.

Las multiplicaciones de fracciones

✎ Material

En una bandeja:
- Los 10 círculos de cartón de la actividad 10.

A partir de
8 años

🖐 Objetivos principales

- Aprender a multiplicar fracciones.
- Introducción a la multiplicación con fracciones cuyo denominador sea mayor que 10.

🌐 Objetivos indirectos

- Prepárese para todas las operaciones con fracciones.
- Desarrollar su razonamiento.
- Mejorar la concentración.

a Presentación

Multiplicación de una fracción por un número entero
Ejemplo: 1/9 x 6

- Invita a tu hijo a colocarse 1/9 x 6 frente a él. Los junta y los cuenta: «6/9», que se puede reducir a la equivalencia de «2/3».
- Luego indícale que observe la regla: «Para multiplicar una fracción por un número entero, multiplica el numerador, y el denominador sigue siendo el mismo. Reducir si es posible».

Multiplicación de una fracción por una fracción

Ejemplo: 1/2 x 4/7

- Coloca los cuatro séptimos frente a tu hijo. También 1/2 x 4/7 se puede simplificarse como 1/2 o la mitad de 4/7 (se divide entre 2, así que tomamos la mitad).
- Ahora, cuando tomamos la mitad de cualquier cosa, ¿qué hacemos? Lo partimos en dos partes iguales. Además, si dividimos 4/7 en dos partes iguales, cada parte será = 2/7.
- Usando esta misma técnica, es posible trabajar con otros ejemplos, como 3/4 de 8/9.
- Primero dividimos el 8/9 en 4 partes iguales (correspondientes a los cuartos del 3/4). Por lo tanto, cada una de estas partes iguales estará compuesta por 2/9. Como tomamos 3/4 de la cantidad total, ponemos tres conjuntos de 2/9 (correspondientes a 3 de 3/4). El resultado es, por tanto, 6/9, que se puede reducir a la equivalencia de 2/3.
- Luego, muéstrale la regla: «Cuando multiplicas dos fracciones juntas, primero multiplicas los numeradores y esto forma el numerador de la respuesta. Luego multiplicamos los denominadores, esto forma la respuesta. En la mayoría de los casos, entonces es necesario reducir».
- Ejemplo:

$$\frac{1}{2} \times \frac{4}{7} = \frac{4}{14} = \frac{2}{7}$$

$$\frac{3}{8} \times \frac{8}{9} = \frac{24}{72} = \frac{1}{3}$$

Conclusión de la actividad

- Practicar largo y tendido repetidamente hasta que el niño descubra la regla por sí mismo. Es aconsejable hacer que él lo escriba.

15

Divisiones de fracciones

✎ **Material**

A partir de
8 años

- Los 10 círculos de cartón de la actividad 10.
- Figuritas pequeñas para usar como separadores.

✋ **Objetivos principales**

- Aprender a multiplicar fracciones.
- Introducción a la multiplicación con fracciones cuyo denominador sea mayor que 10.

🌐 **Objetivos indirectos**

- Preparación para todas las operaciones con fracciones.
- Desarrollar su razonamiento.
- Mejorar la concentración.

a **Presentación**

División de una fracción por un número entero
Ejemplo: 4/7 ÷ 2

- Invita a tu hijo a colocar 2 figuritas como divisores y colocar los cuatro séptimos delante de él; luego debe dividir los séptimo por partes iguales entre las dos figuritas (el resultado de una división es lo que tiene una figura; por lo tanto, en este caso, la figura tiene 2/7). La respuesta a una división es que una figurita tiene, aquí, dos séptimos. Y escribimos:

$$\frac{4}{7} \div 2 = \frac{2}{7}$$

- A continuación, enséñale la regla: «*Para dividir una fracción entre un número entero, simplemente divida el numerador entre el divisor; el denominador sigue siendo el mismo. Reducir si es posible*».

Ejemplo:

$$\frac{1}{2} \div 4$$

- Invita a tu hijo a colocar el 1/2 (dividendo) frente a él y sacar las figuritas del divisor.1/2 no se puede compartir con figuritas así instaladas, por lo que debe cambiarse.
- Tu hijo sabe o trata de cambiar el 1/2 en partes que puedan ser compartidas entre 4. Encuentra que 1/2 es igual a 4/8.
- Ahora puede dividir o distribuir los 4/8 a cada figurita. El resultado es lo que se asigna a una figura.

$$\frac{1}{2} \div 4 = \frac{1}{8}$$

Conclusión de la actividad

- Evita practicar estos ejercicios solo con fracciones en círculos porque tu hijo podría asimilar solo las fracciones con los círculos. Por tanto, proponle fracciones con rectángulos, triángulos, etc.

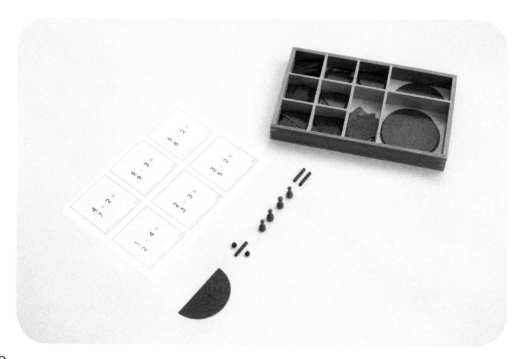

Las conversiones

16

✎ Material

- 4 hojas blancas, formato A4.
- Un compás.
- La tabla amarilla de los decimales plastificada.
- La tira de conversión plastificada.
- Un marcador borrable.
- Una corona del tipo de corona pequeña de los reyes y reinas de figuritas de plástico.
- Papeles pequeños con preguntas estándar.
- Una plastificadora.

A partir de
8 años

🖐 Objetivo principal

- Saber convertir entre medidas de gramos, litros y metros.

🌎 Objetivos indirectos

- Desarrollar el razonamiento matemático.
- Mejorar la concentración.
- Introducción a los problemas de medición.

✂ Preparación de la actividad

- En la hoja colocada en vertical, dibuja una tabla sobre un fondo amarillo con 3 columnas verticales. En el centro de la tabla, escribe la unidad dentro de un círculo negro. La línea negra de la columna de la derecha debe ser más gruesa, para poder materializar la coma.
  En la columna de la derecha de la unidad, encontramos: 1/10; 1/100; 1/1 000.
  En la columna de la izquierda de la unidad, encontramos: 10; 100; 1 000.

- En las otras tres hojas de papel A4, todavía en vertical, en cada una de ellas dibuja 3 casillas, de igual tamaño que la de la unidad, 1/10, 10, etc. Cada fila así creada corresponderá a una unidad de medida diferente.
- En cada una de estas filas escribiremos, según la unidad de medida elegida: en el centro, m (metro), luego a su derecha dm, cm, mm y a su izquierda dam, hm, km; en otra línea, en el centro: g (gramo) luego a su derecha dg, cg, mg y a su izquierda dag, hg, kg y podemos alargarla con una caja vacía, luego quintal y tonelada; finalmente, en otra fila, en el centro: l (litro), luego a su derecha dl, cl, ml y a su izquierda dal, hl, kl.
- Plastifica estas diferentes filas o tiras de unidades.
- Para los papeles pequeños, aquí hay algunos ejemplos de preguntas: 1 kg = ...g.; 14 cm = ...m.; 5 l = ...ml.; 3,8 g = ...mg, etc.
- No olvides escribir la solución en la parte de atrás, a modo de autocorrección.

a Presentación

- Selecciona una de las fichas pequeñas de ejercicios, por ejemplo 1 kg =...... g.
- Dile a tu hijo que coja la tabla de los decimales y la tira de papel correspondiente al trabajo en gramos.
- Colocad la tira de papel de manera que la unidad coincida con la columna en la que se indica g (gramo).
- Coge la corona y muévela a la columna kg, ya que el primer número está en kg. Explícale a tu hijo que la corona siempre representará la unidad además de la unidad de medida. Usa un marcador borrable para escribir 1 en esta columna.
- Entonces pídele que lo pase a g: mueve la corona al gramo ya que se convierte en la nueva unidad y, como no hay nada en las columnas anteriores, pon los ceros hasta 0 en la unidad que es el gramo. Entonces 1 kg = 1 000 g.
- Haz otra pregunta, por ejemplo: 14 cm =......m. Coge la tira de papel con m como unidad que colocamos en la columna de la unidad.
- Coloca la corona en la columna de cm. Escribe el número 14, con el 4, que es la unidad en la columna donde se ubica la corona ya que simboliza la unidad y el 1 a su izquierda.

- Luego pídele convertirlo a m: mueve la corona a la m, pon un cero en la columna vacía, coloca la coma después de la corona. Entonces puedes leer que 14 cm = 0,14 m.
- Si coges la ficha 3,8 g =......mg, coloca la corona en la columna de los «g». Escribe el número 3 en esta columna, ya que es el dígito de las unidades y el 8 al lado. Elimina la coma. Coloca la corona en la columna mg y ponle ceros en las columnas vacías.
- Entonces puedes decir que 3,8 g = 3 800 mg.

Conclusión de la actividad

- Antes de realizar este tipo de ejercicio, tu hijo ya debe conocer los números decimales y el uso de esta tabla.
- Después puedes crear pequeños problemas para practicar este tipo de conversión (siempre con la autocorrección al dorso).

$$(a + b)^2$$

✎ Material

En una bandeja:
- El material de las cuentas doradas: las unidades que son cuentas, las decenas representadas por 10 cuentas, las centenas representadas por 10 decenas.
- También podemos usar lo que llamamos sellos: pequeños cuadrados (verde, azul, rojo). En verdes se escribe 1 o 1 000, en azules se escribe 10, en rojos se escribe 100. Se pueden hacer con cartulina o con cuadrados de mosaico. Miden aproximadamente 1,5 cm x 1,5 cm.
- Una alfombra.

✋ Objetivo principal

- Comprender la fórmula de $(a + b)^2$.

🌐 Objetivos indirectos

- Desarrollar el razonamiento matemático.
- Mejorar la concentración.

a Presentación

- Realiza la siguiente operación $(10 + 2)^2$.
- En la alfombra, invita a tu hijo a colocar horizontalmente de derecha a izquierda 2 unidades y 1 decena.
- Luego, indícale que coloque verticalmente en el lado de las unidades 2 unidades y 1 decena.
- A continuación, dile que multiplique: 2 unidades 2 veces (por lo tanto ponemos 4 unidades, lo que hace el cuadrado de 2); luego la decena 2 veces (así ponemos dos decenas en horizontal, una encima de la otra).

- Después, que multiplique las 2 unidades (horizontal) por una decena, eso hace 2 decenas colocadas verticalmente, luego una decena multiplicada por una decena, eso hace una centena, que es lo mismo que 10^2. Entonces, vemos que tenemos en la alfombra: $(10 + 2)^2 = 102 + 2 \times (10 +2) + 2^2$. Y si sumamos las unidades, las decenas y las centenas, obtenemos 144.
- Podemos empezar de nuevo con otra suma del tipo $(20 + 3)^2$ y lo podemos hacer con los sellos de la misma forma y comprobaremos que $(20 + 3)^2 = 202 + 2 \times (20 + 3) + 3^2$.

Conclusión de la actividad

- Estos cálculos permiten descubrir y verificar esta fórmula. También podemos hacernos con un material llamado tabla de Pitágoras, el cual permite ilustrar esta fórmula de forma concreta, mediante pequeños cuadrados y rectángulos con los colores codificados Montessori.

18

Mesas de doble entrada

✎ Material

- Hojas de papel blancas, tamaño A4.
- Lápices de colores.
- Una regla.
  Una bandeja que contenga:
- Objetos pequeños (por ejemplo, cuentas con forma de animales o vehículos y de diferentes colores).
- Un recipiente pequeño.

A partir de 6 años

✋ Objetivo principal

- Comprender el uso de una tabla de doble entrada.

🌐 Objetivos indirectos

- Prepararse para el uso abstracto de tablas de doble entrada.
- Desarrollar su razonamiento.
- Mejorar la concentración.

✂ Preparación de la actividad

- En una hoja de papel, dibuja una tabla de doble entrada.
- Colorea la parte exterior vertical con el color de los objetos elegidos; dibuja en la línea horizontal superior de cada columna la forma de los animales o los vehículos utilizados.

a Presentación

- Coloca la bandeja a la mesa. Saca la pintura y coloca el recipiente con los objetos a su izquierda.
- Señala con el dedo izquierdo la línea vertical que empieza en la parte superior del color y pregúntale a tu hijo el color de una de las líneas poniendo tu dedo encima.

- Ahora señala con el dedo derecho una línea horizontal, pregúntale a tu hijo de qué objeto se trata. Luego mueve tu dedo hacia abajo hasta el cuadro en la intersección entre el color y el objeto y pregúntale al niño qué debe elegir.
- Coge el objeto y colócalo en el espacio correcto.
- Continúa así hasta que haya completado la tabla.
- Guarda los objetos y pídele a tu hijo que repita la actividad.

Conclusión de la actividad

- Es interesante preparar de esta forma varias tablas de doble entrada con diferentes objetos al principio con pocas líneas horizontales y verticales, para luego ir añadiendo más poco a poco. Cuando el niño lo haya entendido de forma concreta, será posible hacerlo de forma abstracta.

19

Descubrir «pi»

✏ Material

- Discos de diferente radio (3 o 4) o un compás con el que dibujar y recortar en una hoja acartonada varios círculos de diferentes radios.
- Una hoja de papel.
- Un doble decímetro.
- Un lápiz.
- Tiras de papel.

✋ Objetivo principal

- Descubrir el número «pi».

🌐 Objetivos indirectos

- Desarrollar el razonamiento matemático.
- Fomentar su observación del mundo.
- Mejorar la concentración.
- Estimular su motricidad.

ⓐ Presentación

- Coloca una hoja de papel en horizontal, e invita a tu hijo a dibujar una línea horizontal bien recta con la regla en la parte inferior de la hoja.
- Luego pídele que tome un disco con un radio de 2 cm y marque con el lápiz un pequeño punto en un lugar de la circunferencia del círculo.
- Dile que ponga un punto en la línea horizontal y que haga coincidir este punto con el del disco.
- Haz que gire el disco una vuelta hacia la derecha e indícale que marque en la línea horizontal el punto que coincide con el punto del círculo que ha dado la vuelta.

- Indícale que coloque el círculo en la línea horizontal de la hoja, haciendo coincidir el diámetro con la línea. A continuación, moved el círculo hacia la derecha tantas veces como sea posible, respetando el ancho del diámetro.
- Asegúrate de que tu hijo vea que se puede poner tres veces y hazle marcar con una raya en el lugar correspondiente a estos tres círculos. Ten en cuenta que queda una pequeña distancia entre este punto y el punto correspondiente al giro completo del disco.
- Repetid el proceso con varios discos de diferentes radios en líneas colocadas horizontalmente sobre el primero.
- Ten en cuenta que la distancia restante es siempre igual. Explícale al niño que a este número se le llama «pi» y que es igual a un poco más de 3.

Conclusión de la actividad

- Pídele que escriba la fórmula de nuevo en su pequeño cuaderno.
- Explícale a tu hijo que fue Arquímedes, un matemático griego que vivía en Siracusa, el primero en descubrir las fórmulas del círculo en el 250 a. C. y que es la misma constante pi la implicada en el cálculo de la circunferencia y del área del círculo.
- Una vez descubierto este número, podemos pasar a calcular el perímetro del círculo y luego el del área.

Calcular el perímetro del círculo

✎ Material

A partir de
8 años

- Discos de diferente radio (3 o 4) o un compás con el que dibujar y recortar en una hoja acartonada varios círculos de diferentes radios.
- Una hoja de papel.
- Un doble decímetro.
- Un lápiz.
- Tiras de papel.

✋ Objetivo principal

- Descubrir la fórmula del perímetro del círculo.

🌍 Objetivos indirectos

- Desarrollar el razonamiento matemático.
- Fomentar su observación del mundo.
- Mejorar la concentración.
- Estimular su motricidad.

a Presentación

- Coloca una hoja de papel en horizontal, e invita a tu hijo a dibujar una línea horizontal bien recta con la regla en la parte inferior de la hoja.
- Luego pídele que tome un disco con un radio de 2 cm y marque con el lápiz un pequeño punto en un lugar de la circunferencia del círculo.
- Dile que ponga un punto en la línea horizontal y que haga coincidir este punto con el del disco.
- Haz que gire el disco una vuelta hacia la derecha y pídele que marque en la línea horizontal el punto que coincide con el punto del círculo que ha dado la vuelta.

- Indícale que coloque el círculo en la línea horizontal de la hoja, haciendo coincidir el diámetro con la línea. Moved el círculo hacia la derecha tantas veces como sea posible, respetando el ancho del diámetro.
- Haz que tu hijo vea que se puede dejar tres veces y que marque con una raya en el lugar correspondiente a estos tres círculos. Ten en cuenta que queda una pequeña distancia entre este punto y el punto correspondiente al giro completo del disco.
- Repetid el proceso con varios discos de diferentes radios en líneas colocadas horizontalmente sobre el primero.
- Observa que la distancia restante siempre es un poco más de tres veces el diámetro del círculo. Como ahora conocemos el número «pi» podemos decir que la circunferencia del círculo es igual a «pi» por el diámetro del círculo.

Conclusión de la actividad

- Pídele que escriba la fórmula de nuevo en su pequeño cuaderno.
- Luego puedes pedirle que calcule las circunferencias de círculos con diferentes radios para que pueda poner en práctica la fórmula.

La fórmula del área de un rectángulo

✎ Material

- Una hoja de papel en blanco, formato A4.
- Una regla.
- Lápices de colores.
- 4 tablillas de madera contrachapada de 2 mm de grosor y 10 cm de largo x 5 cm.
- Pintura en aerosol amarilla.

✋ Objetivos principales

- Comprender que el cuadrado es la unidad de medida de las áreas.
- Deducir el área del rectángulo.

🌐 Objetivos indirectos

- A partir del área del rectángulo, poder descubrir el área de otras formas como el paralelogramo o el triángulo.
- Desarrollar su razonamiento.
- Mejorar la concentración.

✂ Preparación de la actividad

- Coge las 4 tablillas de madera contrachapada y píntalas de amarillo con el aerosol.
- En la 1.ª tablilla, dibuja con una regla en la esquina superior algunas líneas verticales de 0,5 cm de altura cada una. Haz lo mismo arriba a la derecha.
- En la 2ª tablilla, dibuja líneas horizontales en toda la superficie amarilla, cada cm.
- En la 3.ª tablilla, dibuja líneas verticales en toda la superficie amarilla, cada cm.

- En la 4.ª tablilla, dibuja líneas horizontales en toda la superficie amarilla, cada cm y líneas verticales en toda la superficie cada cm (así obtenemos 50 cuadrados de 1 cm x 1 cm que cubren la superficie amarilla).

a Presentación

- Coloca las placas horizontalmente una encima de la otra con, encima, la placa n.º 1, luego la n.º 2 y 3, luego la 4.ª.
- Pregúntale a tu hijo: «¿Cuál es la forma de la tablilla?». Él responderá: «Es un rectángulo».
- Enséñale la primera tablilla y dile que imagine que las pequeñas líneas de la derecha se extienden hasta el final de la tablilla y revelan (arrastrando una sobre la otra hacia la izquierda) la tablilla n.º 2, como si extendieran las pequeñas marcas.
- Dile: «Ves, ahora que el rectángulo está formado por 5 rectángulos grandes, hemos dividido el rectángulo en 5. Podemos deducir que el área del rectángulo es igual a 5 veces la de los rectángulos largos».
- Vuelve a la tablilla n.º 1 y anuncia que ahora vas a intentar encontrar una medida vertical. Colócala en la placa n.º 3. Luego arrástrala hacia abajo para revelar las líneas verticales.
- Explícale: «Volvemos a tener rectángulos, pero esta vez tenemos 10, entonces el área de la tablilla también es igual a 10 veces estos rectángulos».
- Ahora coloca la tablilla n.º 1 encima de la placa n.º 4. Arrastra la primera en diagonal desde abajo a la derecha hasta arriba a la izquierda y aparece la tablilla con todos los cuadrados.
- Dile: «Ahora tenemos cuadrados y los podemos contar, tenemos 50». Indícale a tu hijo que los cuente.
- Explícale: «Podemos concluir que cuando medimos el área, obtenemos el área. Por lo tanto, podemos decir que el rectángulo tiene un área de 50 cuadrados pequeños, este rectángulo mide 50 unidades cuadradas». Entendemos, por tanto, por qué vamos a utilizar la unidad de medida del cuadrado para medir las áreas.
- Luego, sugiérele al niño que busque una manera más rápida de calcular el área del rectángulo, porque sería complicado contar todos los cuadrados cada vez.

- Indícale que cuente el número de cuadrados que forman la longitud del rectángulo. Cuentas 10 y lo escribes en un pequeño papel blanco que colocas en el fondo de la tablilla.
- Luego, pídele que cuente el número de cuadrados que forman el ancho del rectángulo. Encuentra 5 de ellos y lo escribes en un pequeño papel blanco que colocas a la derecha de la tablilla.
- Por tanto, podemos decir que: «*Para hallar el área de nuestro rectángulo, multiplicamos el ancho por el largo*». Escribe en un papel más grande: 10 x 5. Haz el cálculo, escribe el resultado 50 en un papel que colocas en el centro de la tablilla. Y en una pequeña etiqueta escribe u^2 para la unidad y ponlo al lado del 50.
- En conclusión, podemos reunir todos los papelitos: 10 x 5 = 50 u^2.

Conclusión de la actividad

- Para que el niño pueda aplicar esta fórmula, dibuja en el papel cuadriculado diferentes rectángulos; pídele a tu hijo que calcule su área. Por ejemplo, un rectángulo de 21 cm2 (7 x 3) y luego uno de 24 cm2 (4 x 6). También puedes pedirle que a su vez dibuje otros rectángulos y calcule sus áreas.
- Otra actividad factible es pedirle a tu hijo que dibuje tantos rectángulos como sea posible con un área de 36 cm^2.

La fórmula para el área de un paralelogramo

✏ Material

A partir de
8 años

- 2 tablas de madera contrachapada de 2 mm de grosor y 13 cm de largo x 5 cm.
- Una hoja de papel en blanco, formato A4.
- Un lápiz.
- Una regla.
- Papel cuadriculado de 0,5 cm x 0,5 cm.
- Pintura en aerosol amarilla.
- Una pequeña sierra.

✋ Objetivos principales

- A partir del paralelogramo, construir un rectángulo.
- Determinar la fórmula del área del paralelogramo.

🌐 Objetivos indirectos

- Desarrollar su razonamiento.
- Mejorar la concentración.

✂ Preparación de la actividad

- Toma las 2 tablas de madera contrachapada y píntalas de amarillo con el aerosol.
- Con un lápiz, dibuja líneas horizontales y verticales de 1 cm x 1 cm en las dos tablas para obtener 50 cuadrados de 1 cm x 1 cm.
- Coge las tablas y corta dos triángulos para obtener paralelogramos.

- En una de las tablas, corta horizontalmente 3 cuadrados desde la esquina superior derecha para que cuando coloques el triángulo al final de la tabla, forme un rectángulo de 10 cm x 5 cm.
- Entonces tienes: una tabla de paralelogramo, un triángulo rectángulo de 3 x 5 cm, un polígono (el segundo paralelogramo separado del triángulo).

a Presentación

- Toma la tabla que tiene la forma de paralelogramo entero y dile a tu hijo que vais a medir el área de este paralelogramo. Recuérdale que puede medir el área contando el número de cuadrados, pero hay algunos cuadrados que no son enteros.
  Pregunta cómo podríais hacerlo.
- Toma la otra tabla y muéstrale que al unir las dos partes de una manera concreta, puedes obtener el mismo paralelogramo, excepto que una parte sobresale.
- Coloca el paralelogramo que sobresale sobre el que está entero y déjale observar a tu hijo que son formas idénticas.
  Dile: «Podemos superponer las figuras: son idénticas. Por tanto, si modificamos la forma, las dos figuras serán equivalentes, tendrán la misma área».
- Entonces transforma el paralelogramo en un rectángulo inclinando el triángulo en el extremo izquierdo, para formar un rectángulo. En ese momento, sólo tenemos cuadrados dibujados completos.
- Recuérdale a tu hijo que sabe calcular el área de un rectángulo que es su base multiplicado por su altura. Señala que la base del paralelogramo es igual a la longitud del rectángulo y que la altura del paralelogramo es igual al ancho del rectángulo.
- Ahora puedes calcular la longitud x anchura.
- Invita a tu hijo a medir la base del paralelogramo: 10 cm, escribe esta cifra en un pequeño cuadrado que colocarás debajo de la base del paralelogramo.
- Invita a tu hijo a medir la altura del paralelogramo: 5 cm, escribe esta cifra en un pequeño cuadrado que colocarás al lado de la altura del paralelogramo.

- Dile que calcule: 10 x 5 = 50, escribe el resultado en un papel que colocarás en el centro del paralelogramo.
- Finalmente, reúne todos los papeles pequeños: 10 x 5 = 50 u².

Conclusión de la actividad

- Ahora puedes invitar a tu hijo a construir otros paralelogramos en el papel cuadriculado y calcular sus áreas.
  Por lo tanto, puedes deducir que un paralelogramo y un rectángulo son equivalentes cuando su largo (base) y ancho (alto) son iguales.

La fórmula de un triángulo

✎ Material

- 2 tablas de madera contrachapada cortadas en dos triángulos equiláteros de 10 cm de lado.
- Una hoja de papel en blanco, formato A4.
- Un lápiz.
- Una regla.
- Papel cuadriculado de 0,5 cm x 0,5 cm.
- Pintura amarilla en aerosol.
- Una pequeña sierra.

✋ Objetivos principales

- Construir un rectángulo con un triángulo equilátero.
- Deducir la fórmula del área del triángulo.

🌐 Objetivos indirectos

- Desarrollar su razonamiento.
- Mejorar la concentración.

✂ Preparación de la actividad

- Toma las 2 tablas de madera contrachapada y píntalas de amarillo con el aerosol.
- Dibuja líneas horizontales cada cm desde la base hacia arriba y haz lo mismo verticalmente, de manera que obtengas una cuadrícula de 1 cm x 1 cm.
- Corta uno de los triángulos por la mitad a lo largo.

Ⓐ Presentación

- Coge la tabla de todo el triángulo equilátero y dile a tu hijo que te gustaría calcular el área de este triángulo, pero que es complicado porque tenemos cuadrados incompletos.

- Toma las dos partes del triángulo y, colocándolas una al lado de la otra y superponiéndolas en todo el triángulo, demuéstrale que los dos recortes son equivalentes al entero.
- Pregunta cómo podrías usar los dos triángulos recortados para ayudarte a calcular el área del triángulo completo. Puedes disponer cada parte removible colocándolas a los lados de todo el triángulo y, de esta forma, obtener un gran rectángulo. Y podemos calcular el área de este gran rectángulo.
- Invita a tu hijo a contar el número de cuadrados en la base: 10, que escribes en una hoja de papel y colocas en la parte inferior de la base. Puedes calcular el número de cuadrados de la altura: 8,2, que anotas en un pequeño papel y lo pones al lado del cuadrado.
- Calcula el área: $10 \times 8,2 = 82\,u^2$. Haz una etiqueta y colócala en el centro del cuadrado. Luego toma las etiquetas y únelas: $10 \times 8,2 = 0,82\,u^2$. Ahora tienes el área del rectángulo grande que es el doble del triángulo ya que sumaste las dos partes del triángulo para formar el rectángulo. Entonces, para encontrar el área del triángulo, dividirás el área del rectángulo entre dos.
- Dibuja la barra de fracciones y el 2 debajo de ésta, que significa dividido por 2. Ahora puedes hacer los cálculos y es igual a $41\,u^2$. Podemos decir que el lado horizontal del rectángulo es equivalente a la base del triángulo y el lado vertical es equivalente a la altura del triángulo.
- Puedes concluir que el área del triángulo es igual a la base por la altura dividido por 2.

Conclusión de la actividad

- Puedes continuar estos experimentos con otros tipos de triángulos: un triángulo equilátero que habrás cortado en tres partes. Córtalo horizontalmente a la mitad de la altura y así obtener un triángulo. Luego, corta este triángulo también por la mitad, pero verticalmente. Estos dos pequeños triángulos colocados a ambos lados de la parte grande que ha quedado entera forman un rectángulo.
- También puedes cortar el triángulo equilátero grande en dos triángulos rectángulos cortando a lo largo de la altura. Luego puedes unir estos dos triángulos rectángulos para construir un rectángulo.

24

Las fórmulas del área
(el disco)

A partir de
8 años

✎ Material

- Un compás.
- Un lápiz.
- Una regla.
- Un par de tijeras.

- Pegamento.
- 2 hojas de papel blanco, formato A4.

♔ Objetivo principal

- Descubrir la fórmula del área del círculo.

🌐 Objetivos indirectos

- Desarrollar el razonamiento matemático.
- Mejorar la concentración.
- Estimular la motricidad fina.

ⓐ Presentación

- Invita a tu hijo a dibujar un círculo con el compás (o usando los círculos del gabinete geométrico Montessori) con un radio de aproximadamente 5 cm.
- Pídele que divida este círculo en 8 partes (o sectores), la octava parte se divide en 2.
- Indícale que pegue las 7 partes iguales para que se acerquen lo más posible a la forma de un rectángulo.
- Pídele que pegue las dos piezas de la parte 8 a cada extremo de esta figura, haciéndola aún más parecida a un rectángulo.
- Recuérdale a tu hijo la fórmula para la circunferencia del círculo, $2 \times pi \times r$.

- Muéstrale que las dos longitudes de este «rectángulo» son iguales a la circunferencia del círculo.
- Muéstrale también que el ancho de este «rectángulo» es igual al radio del círculo recortado.
- Recuérdele que la fórmula del área del rectángulo es igual al largo por el ancho. Entonces el área de este «rectángulo» es igual a la mitad de la circunferencia del círculo multiplicada por el radio, es decir: $\dfrac{(2 \times pi \times r) \times r}{2}$.
- Demostrar que podemos simplificar esta fórmula y que por lo tanto la fórmula del área del círculo es igual a $(pi \times r)^2$.

Conclusión de la actividad

- Pídele que escriba la fórmula de nuevo en su pequeño cuaderno. Sugiérale que luego calcule el área de muchos círculos con radios diferentes.
- Es muy importante que el niño descubra las fórmulas de la geometría y que demuestre que la fórmula es correcta, que las compruebe en muchos casos diferentes. Una fórmula que se descubre de esta manera quedará grabada en su memoria más fácilmente.

25

La fórmula del volumen: el cubo

A partir de
8 años

✎ Material

- Cubos pequeños de 1 cm x 1 cm x 1 cm (existe una caja con 1 000 cubos).
- La torre rosa (no obligatoria) (= 10 cubos rosas de tamaño progresivo).
- Una libreta pequeña.
- Una mesa o una alfombra.

A partir de
8 años

✋ Objetivo principal

- Descubrir la fórmula para calcular el volumen del cubo y luego del bloque.

🌐 Objetivos indirectos

- Desarrollar el razonamiento matemático.
- Mejorar la concentración.
- Estimular su motricidad.

a Presentación

- Si disponemos de la torre rosa que usan los más pequeños (entre 3 y 6 años), pídele a tu hijo que la coja.
- Coge el primer cubo rosa (el más pequeño) y colócalo sobre la alfombra o sobre la mesa.
- Indícale a tu hijo que encuentre un cubo idéntico y que lo coloque junto a él.
- Coge el segundo cubo rosa y pídele a tu hijo que construya lo mismo con los cubos pequeños.
- Una vez construido, pregúntale cuántos cubos ha usado.

- Contestará: 8. Pídele que deduzca cómo se pueden calcular estos 8 cubos multiplicando las diferentes medidas del cubo. Vemos que 8 = 2 x 2 x 2. Escribe la fórmula en una hoja de block que le propondrás colocar debajo del cubo.
- Toma el tercer cubo y pídele a tu hijo que construya lo mismo con los cubos más pequeños. Pregúntale cuántos cubos ha usado.
- Contestará: 27. Pregúntele cómo podemos encontrar estos 27 cubos. Vemos que 27 = 3 x 3 x 3. Escribe la fórmula en una hoja de bloc que le propondrás colocar debajo del cubo.
- Podemos continuar así y deducir la fórmula del cubo: el lado x el lado x la altura o incluso la superficie de la base x la altura.

Conclusión de la actividad

- Tu hijo puede tener un cuaderno en el que ir escribiendo sus fórmulas a medida que las vaya descubriendo. Puedes pedirle que calcule volúmenes de cubos de diferentes tamaños para que pueda aplicar la fórmula.

26

La fórmula del volumen: el bloque

✎ Material

- Cubos pequeños de 1 cm x 1 cm x 1 cm (existe una caja con 1 000 cubos).
- Una libreta pequeña.
- Una mesa o una alfombra.

✋ Objetivo principal

- Descubrir la fórmula para calcular el volumen del bloque.

🌐 Objetivos indirectos

- Desarrollar el razonamiento matemático.
- Mejorar la concentración.
- Estimular su motricidad.

a Presentación

- Coloca la caja de 1 000 cubos sobre la mesa o la alfombra.
- Pídele a tu hijo que coja 12 cubos y forme un bloque.
- Logrará construir un bloque que tenga 3 cubos de largo, 2 cubos de ancho, 2 cubos de alto y por lo tanto deducirá que el área del bloque en este caso es 2 x 3 x 2. Escribe la fórmula en una hoja de la libreta que le propondrás poner debajo del adoquín.
- También logrará construir un bloque de 2 cubos de largo, 2 cubos de ancho y 3 cubos de alto y, por lo tanto, deducirá que el área del bloque en este caso es 2 x 2 x 3. Escribe la fórmula en una hoja de la libreta que le propondrás colocar debajo del bloque.
- También podrá construir otro con 6 cubos de largo, 1 de ancho y 2 de alto y, por lo tanto, deducir que el volumen del bloque en

este caso es 6 x 1 x 2. Escribe la fórmula en una hoja de la libreta que le propondrás poner debajo del bloque.

- Eventualmente deducirá que el volumen de un cubo es igual al ancho de la base x la longitud de la base x la altura del bloque, es decir, la superficie de la base x la altura.
- Para verificar esta fórmula, dale varias veces un cierto número de cubos que le permita construir bloques. Indícale que escriba las fórmulas obtenidas cada vez en las hojas de la libreta.

Conclusión de la actividad

- Pídele que escriba la fórmula de nuevo en su pequeño cuaderno.
- Luego sugiérele que calcule volúmenes de bloques de diferentes tamaños para que pueda aplicar la fórmula.

27

La fórmula del volumen: la pirámide

✎ Material

- 1 bloque de 10 x 10 x 20 cm en plástico hueco.
- 1 cubo de 10 x 10 x 10 cm en plástico hueco.
- 1 pirámide de base cuadrada de 10 x 10 x 20 cm en plástico hueco.
- Agua o arena.
- Un instrumento para trasvasar.
- Mesa.

✋ Objetivo principal

- Descubrir la fórmula para calcular el volumen de la pirámide de base cuadrada.

🌐 Objetivos indirectos

- Desarrollar el razonamiento matemático.
- Mejorar la concentración.
- Estimular su motricidad.
- Cultivar el conocimiento del mundo.

🄰 Presentación

- Coloca el material sobre la mesa.
- Señálale a tu hijo que la pirámide tiene una altura igual a la del bloque y que los 3 volúmenes tienen la misma base cuadrada.
- Invita a tu hijo a llenar la pirámide con agua (hasta el borde) o arena.
- Luego, pídele que vierta el agua (o arena) en el cubo y señala que la pirámide contiene el mismo volumen de agua que el cubo.
- Luego, indícale que vierta el agua (o arena) del cubo en el bloque.

Pídele que repita hasta que se llene el bloque. Por lo tanto, notamos que se necesitan 3 cubos para llenar el bloque.

- Deducir que el cubo, que tiene el mismo volumen que el de la pirámide, tiene un volumen de un tercio del bloque.
- Luego puedes deducir la fórmula para el volumen de la pirámide: base por altura dividido entre tres.
- Si tienes la posibilidad de usar otros sólidos de otras dimensiones, podréis comprobar la fórmula.

Conclusión de la actividad

- Indícale que escriba la fórmula de nuevo en su pequeño cuaderno.
- Luego puede calcular con él volúmenes de pirámides de diferentes tamaños para que aplique la fórmula.

28

Figuras con tacos de madera

A partir de
8 años

Material

- Un cuadrado de madera en el que se han fijado pequeños tacos de madera en líneas horizontales y verticales. Al principio, pon unos cuantos tacos y luego incrementa su número.
- Gomas de diferentes colores depositadas en una taza.
- Hojas que representan modelos de formas geométricas.

Objetivos principales

- Construir figuras geométricas con gomas elásticas.
- Concienciación de la existencia de muchas figuras geométricas.

Objetivos indirectos

- Prepararse para la geometría y el conocimiento de las formas geométricas.
- Desarrollar su razonamiento.
- Mejorar la concentración.
- Estimular la motricidad fina con el uso de gomas elásticas.

Presentación

- Coge una ficha que represente una forma simple, el cuadrado de madera con tacos y las gomas elásticas.
- Coloca la plantilla de forma geométrica a la izquierda del cuadrado de madera.
- Invita a tu hijo a reproducir la forma que se muestra en la tarjeta.
- Continúa de esta manera con formas cada vez más complejas y a veces varias formas asociadas.

- Construir las formas por uno mismo hace que sea mucho más fácil entender cómo se hacen.
- Podemos llegar a formas muy complejas añadiendo conceptos de medidas de ángulos.

29

La suma de los ángulos de un triángulo

Matemáticas

✏ Material

- Una regla.
- Un lápiz.
- Un par de tijeras.
- Hojas de papel de colores, formato A4.
- Una hoja blanca, formato A4.
- Un tubo de pegamento.
- Diferentes formas de triángulos para dibujar.

A partir de 9 años

✋ Objetivo principal

- Saber que la suma de los ángulos de un triángulo es igual a 180°.

🌐 Objetivos indirectos

- Desarrollar su razonamiento.
- Mejorar la concentración.

Ⓐ Presentación

- Invita a tu hijo a colocar uno de los triángulos (por ejemplo, el equilátero) en una hoja de color.
- Indícale que trace su contorno con un lápiz y lo recorte.
- Pídele que dibuje en cada esquina, un arco de círculo con un radio de 2,5 cm.
- Dile que aparte estos 3 arcos de círculo recortándolos y, en una hoja blanca, los pegue yuxtaponiéndolos. Puedes ver que los 3 ángulos del triángulo se han unido. Calcula la suma e indica que es igual a 180°. Aunque es muy visual, puedes verificarlo con un transportador.

- Ahora repita los mismos pasos pero con otro tipo de triángulo, por ejemplo isósceles. Verás el mismo resultado. Continúa así con todos los triángulos que se pueden encontrar. Así pues, podemos concluir que la suma de los ángulos de un triángulo es igual a 180°.

Conclusión de la actividad

- Una vez más el niño puede deducir una propiedad de los triángulos. Posteriormente, puedes darle el valor de dos ángulos de un triángulo y pedirle que deduzca el valor del tercero y que dibuje el triángulo.

30

La suma de los ángulos de un cuadrado y un rectángulo

Matemáticas

✎ Material

- Una regla.
- Un lápiz.
- Un par de tijeras.
- Hojas de papel de colores, formato A4.
- Una hoja blanca, formato A4.
- Un tubo de pegamento.
- Cuadrados y rectángulos de diferentes tamaños.

**A partir de
9 años**

✋ Objetivo principal

- Encuentra que la suma de los ángulos de un cuadrado y un rectángulo es igual a 360°.

🌐 Objetivos indirectos

- Desarrollar su razonamiento.
- Mejorar la concentración.

a Presentación

- Invita a tu hijo a colocar uno de los rectángulos en la hoja de color. Pídele que trace su contorno con lápiz y lo recorte. Luego dile que aparte estos 4 arcos circulares recortándolos y pegándolos en una hoja blanca yuxtaponiéndolos.
- Fíjate que hemos unido los 4 ángulos rectos. Calcula su suma y observa que es igual a 360°. Puedes verificarlo con un transportador, pero es muy visual.
- Después, repite el mismo procedimiento con un cuadrado. Obtendrás el mismo resultado. Haz lo mismo con rectángulos y cuadrados de diferentes tamaños.

- Entonces, puedes concluir que la suma de los ángulos de un rectángulo y un cuadrado es igual a 360°.

Conclusión de la actividad

- Una vez más el niño puede deducir una propiedad de cuadrados y rectángulos.

31

Ángulos: concepto y lenguaje

✎ Material

**A partir de
8 años**

- Una caja de palitos de madera de diferentes longitudes e igual ancho y perforados con un pequeño agujero en los extremos para poder introducir un clavito o una chincheta.
- Un triángulo rectángulo.
- Un tablero de corcho.
- Tiras de papel.
- Un lápiz.
- Un par de tijeras.

✋ Objetivos principales

- Comprender qué es un ángulo.
- Comprender los conceptos de ángulo agudo, obtuso y recto.

🌐 Objetivos indirectos

- Desarrollar conocimientos de geometría.
- Preparar nociones sobre polígonos.
- Desarrollar su razonamiento.
- Mejorar la concentración.

a Presentación

- En el tablero de corcho clava dos listones de madera juntos en un extremo, colocando el más grande en forma horizontal y torciendo el más pequeño.
- Al girarlo suavemente, muéstrale a tu hijo el espacio que se crea al girar el palito pequeña. Explícale que este espacio es «el ángulo».
- Dale la vuelta completa y explícale que en este caso llamamos a este espacio «el ángulo completo». Escríbelo en una tira de papel.

- Coloca otros dos palos y el triángulo rectángulo sobre el tablero de corcho y pon las dos tiras a lo largo de cada lado del ángulo recto y clávalas juntas.
- Explícale que este ángulo se llama «el ángulo recto». Escribe este nombre en una tira de papel, recórtalo y colócalo al lado del ángulo recto.
- Construye un nuevo ángulo recto, con dos varillas más obteniendo un ángulo más pequeño que el ángulo recto y clávalo en el tablero de corcho. Explícale que a este ángulo más pequeño que el ángulo recto es «el ángulo agudo». Escríbelo en una tira de papel, recorta y coloca la etiqueta al lado del ángulo agudo.
- Vuelva a construir un ángulo recto con otros dos palos y pídele a tu hijo que construya un ángulo más grande que el ángulo recto y pégalo al tablero de corcho. Dile al niño que un ángulo mayor que un ángulo recto se llama «ángulo obtuso». Escríbelo en una tira de papel, recórtalo y coloca la etiqueta al lado del ángulo obtuso.
- Coge otros dos palos, fíjalos por sus extremos y colócalos horizontalmente en la misma línea. Dile a su hijo que este ángulo se llama «el ángulo plano». Escríbelo en una tira de papel, recórtala y coloca la etiqueta al lado del ángulo plano.
- Tome otros dos palos y únelos por sus extremos superponiéndolos. Explícale a tu hijo que este ángulo se llama «el ángulo cero». Escríbelo en una tira de papel, recórtala y pon la etiqueta al lado del ángulo cero.
- Indícale a tu hijo que observe bien todo esto. Cuando veas que lo ha memorizado, retira los papelitos, y vuelve a colocar los palillos en sus cajas. Invítalo a elegir un papel y a construir lo que está escrito. Haz esto para todos los ángulos.

Conclusión de la actividad

- Ahora será posible pedirle a tu hijo que diga qué tipos de ángulos tienen los triángulos equilátero, isósceles o rectángulo.

32

Ángulos:
las partes del ángulo

A partir de
8 años

✎ Material

- Una caja de palitos de madera de diferentes largos y de igual ancho y agujereados con un pequeño agujero en los extremos para insertar una tachuela o chincheta.
- Un tablero de corcho.
- Tiras de papel.
- Un lápiz.
- Un par de tijeras.

✋ Objetivo principal

- Saber nombrar las diferentes partes de un ángulo.

🌐 Objetivos indirectos

- Desarrollar conocimientos de geometría.
- Preparar nociones sobre polígonos.
- Desarrollar su razonamiento.
- Mejorar la concentración.

🅰 Presentación

- Coge el tablero de corcho y los palitos de madera. Invita a tu hijo a elegir dos palitos diferentes y pídele que construya un ángulo.
- Dile: «Un ángulo se compone de dos partes llamadas lados». Escribe la palabra «lado» dos veces en una tira de papel, la cual se colocará al lado de cada lado.
- Señala el punto donde se unen los dos lados y explícale: «Este punto se llama vértice». Escríbelo en una tira de papel, recorta y coloca la etiqueta al lado de la parte superior.

- Demuéstrale, haciendo girar uno de los dos palitos, que el ángulo puede cambiar de tamaño y que este espacio que crece o decrece se llama amplitud. Escríbelo en una tira de papel, recórtala y pon la etiqueta al lado de la amplitud.
- Pídele a tu hijo que estudie detenidamente todas las etiquetas. Cuando creas que lo ha memorizado, recoge los papelitos y vuelve a colocar los palillos en sus cajas.
- Invítale a escoger una hoja de papel y a su vez construye lo que está escrito. Y así para todos los ángulos.

Conclusión de la actividad

- Ahora tu hijo puede dibujar ángulos, decorar cada parte y así hacer un trabajo artístico.

33

Los diferentes tipos de línea

A partir de 8 años

✏ Material

- Un ovillo de hilo.
- Un rotulador rojo.
- Un par de tijeras.
- Un panel de corcho.
- Chinchetas.
- Tiras de papel blanco.
- Un lápiz.

✋ Objetivo principal

- Comprender todo el vocabulario relacionado con la recta.

🌐 Objetivos indirectos

- Desarrollar conocimientos de geometría.
- Preparar nociones sobre los polígonos.
- Desarrollar su razonamiento.
- Mejorar la concentración.

a Presentación

- Invita a tu hijo a cerrar los ojos. Mientras los cierra, esconde los extremos de una cuerda en cada mano. Pídele que abra los ojos y coloca tus manos frente a ti a la altura de los ojos. Luego empieza a mover tus manos, una hacia la derecha y otra hacia la izquierda, estirando de la cuerda.
- Dile: «Esto se llama línea recta, sigue en ambas direcciones y no tiene fin. Si yo tuviera suficiente cuerda, la cuerda seguiría adelante».
- En la cuerda, que todavía está tensa, pídele a tu hijo que haga una pequeña marca con un marcador rojo. A continuación, indícale que corte la cuerda por el punto rojo. Dile que sabemos que uno de los extremos de la cuerda no tiene final al esconder el ovillo en la mano y que el otro extremo tiene un límite, donde el niño ha

cortado. Esta línea ahora se llama «*media línea*». El punto donde el niño ha hecho el corte se llama «*el origen*». Fija esta media línea al corcho con chinchetas y escriba en dos hojas de papel «*media línea*» y «*origen*» y colócalos en los lugares correctos.

- Coge otra cuerda y estírala por cada lado. Indícale a dos niños que marquen dos puntos rojos en esta línea muy cerca uno del otro. Continúa manteniendo tensa la cuerda y pídele a los niños que corten la cuerda al mismo tiempo en los dos puntos rojos. Toma el trozo de cuerda que han cortado y estíralo por cada extremo.
- Explícales: «*Esto se llama segmento*». Une este segmento al corcho. Escribe en un papel «*segmento*» y colócalo debajo del segmento. A cada extremo del segmento se llama «*el extremo*». Un segmento tiene dos extremos. Escribe dos etiquetas con la palabra «*segmento*» y colócalas en el lugar correcto.
- Coge la cuerda nuevamente y esta vez no la estires. Digamos que a esto se llama un «*arco*». Pega el arco en el corcho, haz una etiqueta que diga «*arco*» y ponla al lado.
- Pídele a tu hijo que estudie minuciosamente todas las etiquetas. Cuando creas que ya lo ha memorizado, retira los papeles pequeños y guarda las cuerdas. Invítale a que él mismo elija una hoja de papel y construya lo que está escrito. Y así para todo tipo de líneas.

Conclusión de la actividad

- Después le puedes pedir al niño que piense en encontrar segmentos. Por ejemplo, los palitos de madera que se utilizan para otras figuras geométricas.

34

Figura desplazamientos

✎ Material

- Varias hojas de cuadrícula con cuadrados laminados de 1 cm x 1 cm. En cada hoja se dibuja un patrón (una casa, un barco, una forma geométrica, etc.).
- Formas idénticas a las de los patrones de hojas mencionados anteriormente (es decir, una casa, un bote, etc.) que también se harán con cuadrados de 1 cm x 1 cm.
- Fichas de preguntas (asegúrate de que la solución para autocorrección esté en el reverso).

✋ Objetivo principal

- Lograr mover correctamente una figura.

🌐 Objetivos indirectos

- Desarrollar el razonamiento matemático.
- Mejorar la concentración.
- Introducción al trabajo abstracto de figuras en movimiento.

Ⓐ Presentación

- Indícale a tu hijo que elija una pregunta, por ejemplo: «Mueve la casa 4 casillas hacia abajo y luego 5 casillas a la derecha…»
- Pídele que tome la hoja de plástico correspondiente al dibujo de la casa, la coloque sobre la forma dibujada en la hoja grande y lea las instrucciones: «Mueve la casa 4 casillas hacia abajo».
- Dile que tome la casa y la mueva contando «1, 2, 3 y 4». La pieza con forma de casa termina en otro lugar.
- Luego lee el resto del enunciado: «Ahora mueve la casa 5 casillas a la derecha».

Toma la casa y muévela de nuevo, pero 5 espacios a la derecha contando «1, 2, 3, 4, 5».

- Mira dónde está la casa y compruébalo con autocorrección.

Conclusión de la actividad

- Luego puedes añadir dificultad al ejercicio con rotaciones de figuras.

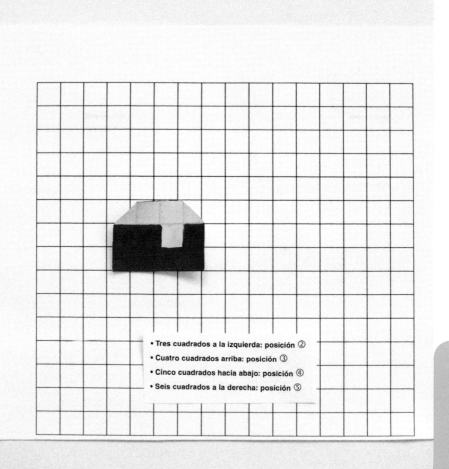

- **Tres cuadrados a la izquierda: posición ②**
- **Cuatro cuadrados arriba: posición ③**
- **Cinco cuadrados hacia abajo: posición ④**
- **Seis cuadrados a la derecha: posición ⑤**

El teorema de Pitágoras

✎ Material

En una bandeja:
- Piezas Lego® de tres colores diferentes y de 1 cm por 1 cm.
- Una hoja de papel en blanco, formato A4.

✋ Objetivo principal

- Descubrir por uno mismo el teorema de Pitágoras de forma especifica: el cuadrado de la hipotenusa es igual a la suma de los cuadrados de los otros dos lados del triángulo rectángulo.

🌐 Objetivos indirectos

- Desarrollar su razonamiento matemático.
- Mejorar la concentración.

Ⓐ Presentación

- En una hoja de papel, dibuja un triángulo rectángulo de 3 cm de el lado vertical del ángulo recto, 4 cm de lado horizontal del ángulo recto y 5 cm de hipotenusa.
- A lo largo del lado de 3 cm, coloca tres piezas de Legos®, una al lado de la otra verticalmente, y continúa hacia la izquierda formando un cuadrado de 3 x 3 cm.
- A lo largo del lado horizontal de 4 cm, coloca 4 piezas de Legos® una al lado de la otra horizontalmente, y luego continúa formando un cuadrado debajo de estos 4 Legos® de 4 x 4 cm.
- A lo largo de la hipotenusa, coloca 5 piezas de Legos® una al lado de la otra a lo largo de la diagonal y continúa formando un cuadrado de 5 x 5 cm a lo largo de esta diagonal.
- A continuación, coge este cuadrado de 5 x 5 cm, colócalo recto y demuestra superponiendo las otras piezas de Legos® del

cuadrado de 3 x 3 cm y las del de 4 x 4 cm que todas las piezas Legos® de estos dos últimos cuadrados juntos son iguales a todas las piezas del cuadrado de 5 x 5 cm.

- Pídele a tu hijo que lo haga de nuevo con otras medidas para el triángulo.
- Ahora podéis deducir el teorema de Pitágoras y hacer que el niño lo escriba.

Conclusión de la actividad

- Un niño que ha descubierto un teorema lo recordará mucho mejor y lo entenderá muy bien mediante la práctica.

Vida sensorial

Aprender a distinguir las notas

A partir de 6 años

✏ Material

- Campanas que representan «do, re, mi, fa, sol, la, si, do». (Si es posible, todas del mismo color) o incluso un piano o un carillón.

✋ Objetivos principales

- Aprender a reconocer las notas por sus sonidos.
- Comprender la noción de sonido.

🌐 Objetivos indirectos

- Desarrollar el sentido auditivo.
- Mejorar la concentración.
- Saber escuchar música.

a Presentación

- El objetivo es enseñar a tu hijo a reconocer los sonidos de diferentes notas.
- Pídele que se dé la vuelta para que no mire las campanas. Haz que escuche tres notas, por ejemplo, do menor, sol y do mayor.
- Explícale que cada vez que escuche el do menor, tiene que bajar los brazos. Para sol pondrá las manos en la cintura y para el do mayor pondrá los brazos en alto.
- Haz sonar las campanas, primero siguiendo el mismo orden, y después desordenadas. Practicad este ejercicio varias veces hasta que el niño las identifique todas correctamente.

- Una vez asimilados los tres sonidos correspondientes a estas tres notas, puedes ir introduciendo otros poco a poco: para re: poner las manos en las pantorrillas; para mi: en las rodillas; para fa: en los muslos; para la: sobre los hombros; para si: en la cabeza.

Conclusión de la actividad

- Estas actividades requieren mucho tiempo y son sumamente importantes porque le permiten al niño reconocer claramente el sonido de cada nota.

02

Aprender a leer notas

✎ Material

A partir de 7 años

- Un pentagrama dibujado en una tira larga de papel plastificado.
- Notas musicales dibujadas y recortadas para poder colocarlas en el pentagrama.
- Un instrumento como un carillón, un piano, campanas, todos idénticos externamente.
- 2 hojas de papel blanco, formato A4.
- Un lápiz.
- Un doble decímetro.
- Un par de tijeras.

✋ Objetivos principales

- Desarrollar el sentido auditivo.
- Aprender a leer notas en un pentagrama.
- Aprender a colocar notas en un pentagrama.

🌐 Objetivos indirectos

- Mejorar la concentración.
- Desarrollar el gusto por la música.
- Profundizar las habilidades de lectura.

Ⓐ Presentación

- El objetivo aquí es enseñar a tu hijo a asociar el sonido de la nota en el lugar correspondiente del pentagrama.
- Muéstrale el pentagrama y la nota y explícale que la posición de ésta nos permitirá escribir la nota y/o leerla.
- Muéstrale la clave de sol y colócala al principio del pentagrama.

- Toca el do menor y muéstrale su lugar en el pentagrama. Haz lo mismo con sol y do mayor. No dudes en repetirlo varias veces: toca cada nota y, cada vez, coloca la nota en el lugar correcto.
- Luego, toca la nota en el instrumento y pídele que coloque la nota en el lugar correcto del pentagrama, diciendo en voz alta el nombre de la nota.
- Cuando haya asimilado el concepto, coloca la nota en el pentagrama (sólo en estas tres notas) y pídele que las lea y/o las cante. Sigue haciendo esto hasta que tu hijo reconozca todas las notas: cómo suenan, cómo se escriben y cómo se leen.
- A continuación, puedes pasar a la clave de fa.

Variantes

También puedes hacer fichas de nomenclatura con las notas escritas en los pentagramas que hayas dibujado en las dos hojas blancas, así como las distintas claves (es decir, 2 fichas por nota).

- Haz dos tarjetas con la nota en el pentagrama y el nombre debajo, pero para una de las tarjetas del par, corta horizontalmente, de modo que tenga la nota en el pentagrama sin el nombre y la etiqueta del nombre de la nota separadas.
- Coloca todas las tarjetas de nombre de izquierda a derecha sobre un tapete o una mesa.
- Invita a tu hijo a hacer un par con la tarjeta sin el nombre. Luego, pídele que coloque las etiquetas del nombre de la nota o la clave debajo de la tarjeta en cuestión. Dile que recuerde todo esto.
- Voltea las tarjetas completas, mezcla las etiquetas/nombres y dáselas al niño para que las vuelva a colocar en el lugar correcto.
- La solución para corregir está detrás de las fichas rellenadas. Puedes repetirlo tantas veces como quieras.

Conclusión de la actividad

- Estas actividades requieren mucho tiempo y son sumamente importantes porque le permiten al niño identificar claramente el sonido de cada nota.

Componer una pieza musical

A partir de 7 años

✎ Material

- Un pentagrama de música.
- Notas musicales plastificadas.
- Un instrumento como un carillón, un piano o campanas que son todas identicas por fuera.

✋ Objetivo principal

- Desarrollar el sentido auditivo.

🌐 Objetivos indirectos

- Mejorar la concentración.
- Desarrollar el gusto por la música.

Presentación

- Cuando el niño identifique correctamente el sonido de al menos tres notas y su lugar en el pentagrama, pídele que coloque las notas en el pentagrama.
- Usando el instrumento musical, toca las notas que el niño ha colocado.
- De esta forma, podrás decirle que es un verdadero compositor de música.
- Continúa de esta manera a medida que el niño aprenda las notas.
- Cuando las identifique todas, puede componer piezas muy largas y tocarlas para ti.

Para ir más lejos

- Cuando el niño sea capaz de componer piezas con todas las notas de esta forma, puedes componer algo tú mismo y pedirle que lo toque. También puedes hacer que escuche canciones sencillas y que reconozca las notas y reproduzca la canción.

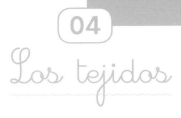

A partir de
6 años

✎ Material

- En una caja, 6 pares de tejidos al tacto colocados muy cerca los unos de los otros.
- Un pañuelo para verdarse los ojos.

✋ Objetivo principal

- Desarrollar el sentido del tacto.

🌐 Objetivos indirectos

- Desarrollar la concentración.
- Aprender a apreciar el mundo que nos rodea.

a Presentación

- Coloca el material frente a tu hijo y pídele que se vende los ojos con el pañuelo.
- Indícale que toque un tejido y luego dile que tiene que encontrar la pareja del mismo.
- Acércale otro tejido y pregúntale si es el mismo que tocó.
- En caso afirmativo, colócalos uno al lado del otro, por pares. En caso contrario, haz que toque otro tejido.
- Procede de esta manera hasta que haya emparejado todos los tejidos.
- Cuando tu hijo termine, puede quitarse el pañuelo y revisar su trabajo.

Para ir más lejos

- Un ejercicio de lenguaje, enséñale a tu hijo los nombres de los tejidos que has seleccionado.

Los olores

Vida sensorial

A partir de
6 años

✎ Material

En una bandeja:
- 6 pares de frascos pequeños (todos deben ser opacos; 6 tendrán la tapa del mismo color, y los otros 6 de otro color).
- En su interior vierte 6 pares de esencias de olor (por ejemplo, 2 frascos de lavanda, otros 2 frascos de albahaca, etc.)
- Debajo de cada par de frascos, coloca una pegatina del mismo color.

✋ Objetivo principal

- Desarrollar el sentido del olfato.

🌐 Objetivos indirectos

- Desarrollar la concentración.
- Aprender a apreciar el mundo que nos rodea.

Ⓐ Presentación

- Coloca todo el material frente a tu hijo y coge el frasco de la parte superior de la izquierda.
- Ábrelo, huélelo y deja que tu hijo lo huela también.
- Coge otro frasco de otro color, y dile a tu hijo que tiene que encontrar el mismo olor.
- Deja que abra y huela el frasco y pregúntale si reconoce el mismo olor.
- Si es así, coloca esos dos frascos que forman un par, uno al lado del otro. De lo contrario, invítale a abrir otro frasco para identificar otro aroma.
- Procede de esta manera hasta que haya encontrado todos los pares.
- Cuando termine, dile que le dé la vuelta a las botellas y mire si debajo de cada par encuentra una pegatina del mismo color.

- Un ejercicio de lenguaje, enséñale a tu hijo de dónde vienen los diferentes olores. Puedes preparar imágenes de lavanda o, por ejemplo, basílisco, etc., y tu hijo tiene que colocar el frasco correspondiente sobre la tarjeta.
- Es muy interesante que tu hijo pueda recoger lo que pondrá en los frascos. Así, entenderá mejor de dónde vienen los olores y, durante sus paseos o juegos al aire libre, prestará especial atención a los distintos olores que ofrece la naturaleza.
- Para añadir dificultad al ejercicio, acerque unos olores con otros.
- Para desarrollar el vocabulario de tu hijo, y que pueda expresarse con precisión para ser bien entendido y comprender mejor lo que se espera de él, enséñale a usar adjetivos para describir los olores que respira: agrio, agradable, agresivo, amargo, aromático, delicado, delicioso, desagradable, dulce, nauseabundo, exquisito, blando, fino, fuerte, fresco, ligeramente almizclado, repulsivo, picante, agridulce, picante, potente, rancio, repugnante, sutil, sofocante, sólido, aterciopelado, etc.

Los diferentes árboles

✎ Material

- Durante una caminata con tu hijo, recoge hojas de los árboles (de 6 u 8 árboles diferentes para empezar). En una bandeja, o en un saquito previsto a tal efecto, coloca las tarjetas de nomenclatura de los árboles:
- Fichas plastificadas en formato 14 x 14 cm con la foto del árbol y su hoja, y el nombre del árbol.
- Fichas plastificadas en formato 14 x 9 cm con la foto del árbol y su hoja.
- Fichas plastificadas en formato 14 x 5 cm con el nombre del árbol.

✋ Objetivos principales

- Descubrir y memorizar los nombres de los árboles.
- Desarrollar el sentido de la observación.

🌐 Objetivos indirectos

- Estimular el interés por la ciencia.
- Apreciar la naturaleza y entender cómo funciona.
- Concienciarse de la importancia de preservar nuestro entorno.

Ⓐ Presentación

- Tu hijo coloca el material frente a él.
- También saca y coloca de izquierda a derecha las hojas que habéis recogido.
- Debajo, empareja todas las fichas con la foto y el nombre.
- Debajo empareja las fichas con sólo la foto.
- Luego, las que sólo llevan el nombre.
- Después, le da la vuelta a las fichas superiores (de modo que queden boca abajo).

- Toma todas las fichas con los nombres en sus manos, las mezcla y luego las vuelve a colocar debajo de la imagen correspondiente.
- Se corrige dándole la vuelta a las imágenes de arriba.

Para ir más lejos

- Guarda las hojas recogidas y haz un herbolario para que tu hijo pueda colocar allí sus próximos descubrimientos y volver a consultarlo cuando quiera.
- Para los más mayores: si se puede reconocer un árbol por sus hojas, también es posible distinguirlos gracias a su tronco y su corteza. Entonces, prepara el mismo material pero, en lugar de las hojas, pídele a tu hijo que preste atención a la corteza de los árboles.

07

¿De dónde proceden los muebles?

A partir de 7 años

✎ Material

- Placas de distintas maderas de 8 cm x 3 cm y barnizadas.
- Etiquetas de 3 cm x 2 cm para escribir los nombres de los árboles.
- Fichas de 9 cm x 9 cm para reconocer perfectamente los muebles hechos con los diferentes tipos de madera idénticos a las placas.
- Pegatinas de diferentes colores (para pegar en el reverso de etiquetas, las fichas y las placas, respetando la concordancia).

✋ Objetivo principal

- Desarrollar el sentido de la observación.

🌐 Objetivos indirectos

- Conocer mejor el mundo en el que vivimos.
- Desarrollar la curiosidad.
- Mejorar la concentración.

ⓐ Presentación

- Primero, explícale a tu hijo que el interior del árbol es muy diferente de un árbol a otro en cuanto al color, apariencia y peso, y que los árboles se usan para fabricar muebles y muchas cosas más.
- La primera presentación consistirá en que el niño asocie la placa de las diferentes maderas con el nombre del árbol.
- Para ello, o bien dejas que tu hijo lo haga de manera autónoma asociando la placa de madera con la etiqueta correspondiente, o bien se lo presentas.
- Para empezar, tu hijo debe encontrar un par mirando la pegatina en la parte de atrás, para luego practicar el reconocimiento por su cuenta. Él mismo puede corregirse usando las pegatinas del reverso.

- En segundo lugar, cuando haya reconocido las maderas según el nombre del árbol, podemos sugerirle que asocie la pieza de madera con una imagen del mueble realizado con la misma madera.
- El niño formará parejas mientras mira la pegatina en la parte de atrás. Luego hará la asociación por su cuenta y se corregirá con la pegatina.

Para ir más lejos

- Puedes llevar a tu hijo al bosque para que aprenda a observar y reconocer árboles.
- También puedes hacer que aprenda las distintas cortezas.

El círculo cromático

**A partir de
6 años**

✎ Material

- Una hoja de papel en blanco, formato A4.
- Un bol lleno de agua.
- Una paleta de tabletas de acuarela.
- Un pincel mediano.
- Un rollo de papel de cocina.
- Un compás.

✋ Objetivos principales

- Desarrollar el sentido de la vista.
- Desarrollar el sentido cromático.
- Conocer los colores primarios y secundarios.

🌐 Objetivos indirectos

- Desarrollar el sentido artístico.
- Desarrollar el sentido de la observación.
- Mejorar la concentración.

a Presentación

- Invita a tu hijo a que dibuje en una de las hojas de papel un círculo de 8 cm de diámetro. Indícale que lo separe en 6 partes iguales usando un transportador.
- Pídele que prepare la paleta de tabletas de acuarela, que moje el pincel en agua y lo enjuague un poco en el papel de cocina.
- Entonces, dile que coja un primer color primario, el amarillo por ejemplo, y pinte el interior de una de las partes.
- Invítale a enjuagar el pincel y limpiarlo.
- Empezad de nuevo con otro color primario, el rojo por ejemplo, y dejad sin pintar una parte (dejar en blanco). Aclarar y limpiar el pincel de nuevo.

- Empezad de nuevo con el último color primario, el azul por ejemplo, y dejad sin pintar otro cuadro (dejar en blanco).
- Explícale a tu hijo que aquí tenemos los 3 colores primarios: azul, rojo y amarillo. Por lo tanto, quedan 3 cuadrados sin pintar.
- Para el cuadrado en blanco entre el rojo y el amarillo, invita a tu hijo a que tras mojar el pincel, tome un poco de amarillo con el pincel y lo esparza sobre el rojo, mezclando bien los dos colores. Aparece el naranja con el que pintará este cuadrado. Pídele que enjuague bien el pincel.
- Dile que repita el mismo proceso para el cuadrado en blanco entre el azul y el amarillo, y descubra así el verde.
- Lo mismo para el cuadrado blanco entre el rojo y el azul, que dará lugar al morado.
- Explícale a tu hijo que ahora ya tiene los colores secundarios: el verde, el naranja y el morado.
- Indícale que enjuague las pastillas poniendo agua con el pincel y pasándola sobre las pastillas y limpiándolas con el papel de cocina hasta que hayan recuperado su color original.

Para ir más lejos

- Puedes hacer que mire algunos cuadros y analice colores. A continuación, puedes hacer que cree obras artísticas con estos 6 colores.
- El siguiente paso será hacerle realizar un trabajo que le permita descubrir los colores terciarios.

Cultura

Las vidrieras

✎ Material

- Una hoja de papel Canson de 160 gr formato A5.
- Un lápiz.
- Un rotulador permanente negro grande.
- Primero: rotuladores.
- Segundo: pastillas de acuarela.
- Un bol lleno de agua.
- Una goma.
- Una lona para cubrir las mesas.

**A partir de
7 años**

✋ Objetivos principales

- Desarrollar el sentido artístico.
- Cultivar la creatividad.
- Estimular la motricidad fina.
- Desarrollar el sentido de la vista.

🌐 Objetivos indirectos

- Desarrollar confianza en sí mismo.
- Mejorar la concentración.
- Cultivar el gusto por la armonía.

a Presentación

- Invita a tu hijo a coger la hoja de papel.
- Dile que dibuje algunas líneas con el lápiz en la hoja, simulando que la mano que sostiene el lápiz traza caminos fuera de la hoja y vuelta a ella de tal manera que crea espacios entre las líneas que se cruzan (con espacio suficiente como para ser coloreados o pintados).

- Una vez que estos espacios han quedado libres como en una vidriera, sugiérele que coja el rotulador permanente negro y utilice la parte más ancha del rotulador sobre las líneas para crear el marco de la vidriera.
- Por último, pídele que coloree las casillas blancas con rotuladores, con la instrucción de no aplicar el mismo color a los cuadrados que se tocan.

Para ir más lejos

- Puedes empezar con un pequeño formato A5 y luego pasar a un A4. Es importante cubrir toda la superficie. Puede empezar con rotuladores y luego pintar con pintura.
- Por supuesto, ten en cuenta la edad del niño, ya que esta actividad se puede hacer hasta los 10 años o incluso más.

02

La letra capital

✎ Material

A partir de
8 años

- Una hoja de papel Canson, formato A4.
- Un lápiz.
- Rotuladores de colores o pintura de acuarela.
- Un pincel.
- Un bol de agua.
- Un rotulador permanente negro de punta grande.

✋ Objetivos principales

- Desarrollar el sentido artístico.
- Cultivar la creatividad.
- Estimular la motricidad fina.
- Desarrollar el sentido de la vista.

🌐 Objetivos indirectos

- Desarrollar confianza en sí mismo.
- Mejorar la concentración.
- Cultivar el gusto por la armonía.

a Presentación

- Pídele a tu hijo que coloque la hoja en la dirección que desee.
- Dile que escriba la primera letra de su nombre en cursiva mayúscula, ocupando un lugar importante en la hoja.
- Dile que repase la línea de la letra con la punta ancha del marcador permanente negro.
- Indícale que cree una decoración inspirada en esta letra y que la dibuje. Por ejemplo: una «L» puede convertirse en el tronco de un árbol con sus ramas en crecimiento, una «C» puede convertirse en una luna creciente en una noche estrellada.

- El niño dibuja lo que imagina, ocupando toda la hoja.
- Pídele que repase sus líneas con el rotulador negro permanente y pinte cada parte del dibujo.

Para ir más lejos

- El niño puede hacer este trabajo varias veces, por supuesto, eligiendo la misma letra pero ilustrada de manera diferente, o letras diferentes que le inspiren.

03

La palabra

✏ Material

- Una hoja de papel Canson, formato A4.
- Un lápiz.
- Rotuladores de colores o pintura de acuarela.
- Un pincel.
- Un bol lleno de agua.
- Un rotulador permanente negro de punta grande.

🖐 Objetivos principales

- Desarrollar el sentido artístico.
- Cultivar la creatividad.
- Estimular la motricidad fina.
- Desarrollar el sentido de la vista.

🌐 Objetivos indirectos

- Desarrollar confianza en sí mismo.
- Mejorar la concentración.
- Cultivar el gusto por la armonía.
- Estimular su pensamiento.

a Presentación

- Indícale a tu hijo que coja la hoja y piense en una palabra importante e inspiradora para él.
- Pídele que escriba con el lápiz en la hoja (preferiblemente en horizontal) y de forma que ocupe buena parte de la hoja.
- Dile que repase la línea con la punta gruesa del rotulador permanente.
- Luego dile que piense qué significa esta palabra para él y cómo podría decorar alrededor de esta palabra. Por ejemplo: «libertad»

podría estar rodeado por una decoración de una paloma en un cielo azul. «Amor», de dos manos formando un corazón, etc.

- Esta actividad también se puede realizar a varias edades y/o varias personas. El niño más pequeño a veces creará algo bastante simple y luego se le ocurrirán ideas más complicadas. Lo importante es que dé rienda suelta a su imaginación. Sobre todo, respeta sus elecciones. Este trabajo se puede hacer al principio con rotuladores y luego, cuando tu hijo haya ganado confianza, con pintura.

04

Oraciones o textos

✎ Material

A partir de
10 años

- Una hoja de papel Canson, formato A4.
- Un lápiz.
- Rotuladores de colores o pintura de acuarela.
- Un pincel.
- Un bol lleno de agua.
- Un rotulador permanente negro de punta grande.

✋ Objetivos principales

- Desarrollar el sentido artístico.
- Cultivar la creatividad.
- Estimular la motricidad fina.
- Desarrollar el sentido de la vista.

🌐 Objetivos indirectos

- Desarrollar confianza en sí mismo.
- Mejorar la concentración.
- Cultivar el gusto por la armonía.
- Estimular su pensamiento.

🄰 Presentación

- Invita a tu hijo a elegir una oración o un párrafo que le guste.
- Con lápiz, escribe esta oración o este párrafo en la hoja con letras cursivas bastante grandes y enfatizando los bucles de cada letra. Esta oración o párrafo debe ocupar toda la página. Por supuesto, es posible repetir el mensaje.
- Cuando todo esté escrito, sugiérele que repase la línea con la punta ancha del rotulador negro.

- Pídele que luego rellene, ya sea con pintura o con un rotulador, al azar, los bucles de las letras, usando diferentes colores. No se puede aplicar el mismo color para las letras que se tocan entre sí.

Para ir más lejos

- Tu hijo puede decidir escribir este mensaje con tinta china o escribirlo en forma de espiral.

Hacer un arcoíris

✎ Material

A partir de 6 años

- Una hoja de papel en blanco, formato A4.
- Un lápiz.
- Fichas redondas en rojo, naranja, amarillo, verde, azul y morado de 1 cm de diámetro.
- Un recipiente para las fichas.
- Un par de pinzas de depilar.

✋ Objetivos principales

- Mejorar la concentración.
- Estimular la motricidad fina.
- Cultivar la creatividad.

🌐 Objetivo indirecto

- Despertar el interés por la escritura.

ⓐ Presentación

- Dibuja en la hoja un arcoíris con aproximadamente 1 cm entre cada rayo.
- En la parte superior de cada arco, escribe los nombres de los colores de arriba hacia abajo: rojo, naranja, amarillo, verde, azul y morado.
- Dile a tu hijo que coja las pinzas con los tres dedos de las «pinzas».
- Pídele que coja una primera ficha roja y la coloque en la parte inferior del arco exterior.
- Indícale que coja una segunda ficha roja y la coloque encima.
- Pídele que siga así con los demás colores, siempre empezando por abajo y con el arco exterior.

Líneas de tiempo: para un período determinado

A partir de
7 años

✏ Material

- Elije un período de la historia, por ejemplo: La Edad Media.
- Un rollo grande de papel.
- Un par de tijeras, un lápiz, una regla.
- Lápices de colores.
- Hojas de papel de colores (idénticas a los lápices de colores), formato A4.
- Imágenes por duplicado que representan los diferentes períodos, por ejemplo, para la Edad Media: la coronación de Clodoveo, la de Carlomagno, imágenes de Hugo Capeto, las primeras cruzadas, Felipe Augusto, San Luis, Felipe el Hermoso, la guerra de los Cien Años, la toma de Constantinopla, el descubrimiento de la brújula, la imprenta, la pólvora, el reinado de Luis XI, el de Carlos VIII.

✋ Objetivos principales

- Familiarizarse con un período de la historia.
- Tener puntos de referencia en el tiempo.
- Desarrollar la memorización.

🌐 Objetivos indirectos

- Interesarse por el mundo en el que viven los niños.
- Saber de dónde venimos
- Comprender los vínculos entre historia y arte.
- Estimular su curiosidad.
- Desarrollar su autonomía.

✂ Preparación de la actividad

- En los rollos de papel, cortar dos bandas iguales lo suficientemente grandes para que sean fáciles de leer.
- Trazar dos ejemplares de la línea de tiempo: una que llamaremos «informada» sobre la cual se irán pegando las imágenes en correspondencia con el tiempo. La otra, que quedará en blanco y sobre la que aparecerán las fechas.
- Separar las dos líneas en dos períodos que serán coloreados en dos colores diferentes: uno para «los carolingios», el otro para «los capetos». Las imágenes relativas a cada uno de estos períodos se pegarán en el papel del color correspondiente al período.
- Separar las bandas en varias partes iguales, cada una representando 100 años (un siglo). Empezad las líneas en el año 400 y terminarlas en el año 1453 (final de la guerra de los Cien Años). Escribid los años en cada una de las líneas.
- Escribid en cada una de ellas los años importantes que se ilustrarán con una imagen que se pegará en la línea informada, por ejemplo: 476 Clodoveo «Rey de los francos» (poner la imagen de la coronación de Clodoveo), 732: Carlos Martel derrota a los árabes en Poitiers (encontrar una ilustración de esta batalla), etc.
- Cada imagen debe estar por duplicado: una pegada y la otra no, en cuyo reverso llevará escrita la fecha y el hecho ilustrado.

a Presentación

- Usa la línea ilustrada y cuenta la historia, enfatizando los acontecimientos ilustrados (así que elige los más importantes). Muestra bien cada imagen, explicando lo que ilustra.
  Luego coloca la línea que no está informada debajo de la que informada y coloca las imágenes alrededor.
- Invita a tu hijo a formar parejas, es decir, a colocar las imágenes de los hechos de acuerdo con la línea ilustrada.
- Indícale que aprenda la cronología de los hechos. Cuando esté listo, pídele que dé la vuelta a la línea ilustrada, que quite las imágenes, las mezcle y las vuelva a colocar en el orden correcto sobre la línea no ilustrada.
- Para corregirse solo tiene que darle la vuelta a la línea ilustrada y hacer una comparación.

Para ir más lejos

- Estas líneas cronológicas se pueden realizar sobre cada período de la historia de Europea así como también sobre la evolución del arte, la arquitectura, los medios de locomoción, etc.

Estudiar las diferentes partes de un monumento

A partir de
7 años

✎ Material

- Varias hojas blancas, formato A4 (a veces la hoja puede ser más pequeña, pero en este caso hay muchas partes).
- Un par de tijeras.
- Un lápiz.
- Un doble decímetro.
- Un lápiz de color rojo.
- Un bolígrafo negro.

✋ Objetivos principales

- Conocer bien las partes de un monumento.
- Aprender a memorizar.

🌐 Objetivos indirectos

- Interesarse por el mundo en el que viven los niños.
- Saber observar.
- Despertar su curiosidad.
- Fomentar su autonomía.

✄ Preparación de la actividad

- Elige un lugar, por ejemplo, un castillo fortificado.
- Dibújalo, mostrando muy claramente los diferentes elementos importantes que deseas que tu hijo aprenda: torre de vigilancia, mazmorra, almenas, pasarela, saeteras, muro perimetral, foso, pozo, barbacana, puente levadizo, capilla.
- Prepara este dibujo en tantas copias como partes a ilustrar (aquí 11).
- Prepara este juego dos veces (aquí 2 x 11 copias).
- Coge una hoja con un castillo dibujado y colorea de rojo la parte que quieras resaltar. Por ejemplo, para las ranuras, pon todas las ranuras en rojo y escribe debajo centrada la palabra «almena».
- Haz otra copia idéntica y corta horizontalmente la parte en la que está escrita la palabra «almena» (2 cm de ancho).
  Por lo tanto, la hoja ahora está «agujereada» y la parte que se le ha quitado constituye una etiqueta.
- Haz lo mismo para cada parte a ilustrar (es decir, 2 páginas para cada parte: una con el nombre, otra sin el nombre y con la etiqueta del nombre independiente).
- Luego, planifica una última hoja con el castillo dibujado en su totalidad y cada parte marcada con una flecha con el nombre al final. Para la segunda hoja idéntica, coloca las flechas pero sin los nombres escritos.
- Finalmente, prepara las etiquetas de nombre por separado, que se colocarán en la segunda copia del castillo, sin los nombres.

Para resumir, tenemos:
- 11 copias del castillo íntegramente dibujadas con, para cada una de las 11 copias, una parte coloreada en rojo y nombrada.
- 11 ejemplares del castillo íntegramente dibujados, para cada uno de los 11 ejemplares con una parte coloreada en rojo y perforada, constituyendo la parte faltante las etiquetas de los nombres correspondientes. En el reverso de estos dibujos, se indica el nombre.
- 11 ejemplares del castillo íntegramente dibujados, sin colorear y sin parte nombrada.
- 1 copia del castillo totalmente coloreada, flechada y con nombre.
- 1 copia del castillo a todo color, con flechas, sin los nombres.

ⓐ Presentación

- Primero, muéstrale a tu hijo los dibujos con la parte a recordar en rojo y explícale qué representa la parte coloreada y para qué servía.
- Luego déjale aprender todo este vocabulario. Para ello, indícale que extienda sobre una alfombra o sobre una mesa todos los dibujos con los nombres escritos, que haga un par con los dibujos sin el nombre y luego ponga debajo la etiqueta del nombre correspondiente.
- Muéstrale las 11 hojas con sólo el castillo dibujado y pídele que coloree, en cada hoja, la parte a designar y escribir la palabra.
- Indícale que recuerde todo esto. Cuando esté listo, puede darle la vuelta a los dibujos con los nombres boca abajo, tomar las etiquetas de los nombres, mezclarlas y colocarlas en el lugar correcto en los dibujos con los agujeros. Podrá autocorregirse devolviendo los dibujos cumplimentados.
- Una vez que ha aprendido todo el vocabulario, tu hijo puede tomar el mapa con las flechas de las diferentes partes y poner las etiquetas en el lugar correcto y corregirse.
- Indícale que tome una copia del castillo con las flechas y escriba las palabras en el lugar correcto.

Conclusión de la actividad

Con estas distintas manipulaciones sucesivas, ciertamente el niño retiene y con gran autonomía.

El nacimiento de la geometría

✎ Material

A partir de
9 años

- Una cuerda de poco más de 13 m de largo con un nudo cada metro.

✋ Objetivo principal

- Comprender el nacimiento de la geometría.

🌐 Objetivos indirectos

- Hacer formas a partir de una cuerda con 13 nudos.
- Sentar las bases de las propiedades del triángulo rectángulo.
- Desarrollar habilidades de pensamiento.
- Estimular el interés por las matemáticas.

a Presentación

- Cuéntale esta historia a tu hijo:

Época de los faraones. Los egipcios habitan a lo largo de un río llamado Nilo. Para ellos, este gran río, que se extiende de norte a sur a lo largo de varios miles de kilómetros, es sagrado, porque proporciona el agua necesaria para los cultivos. Toda la población puede vivir gracias a la agricultura. Lejos del Nilo sólo existe un vasto desierto de arena donde la vida no puede desarrollarse. Cada año, en primavera, el Nilo se desborda, es decir, inunda las tierras de cultivo de los egipcios. ¿Crees que esto era un desastre para los egipcios de esa época? Bien, pues no, ya que para ellos la inundación del Nilo es una bendición de sus dioses, porque el Nilo desbordado deposita un limo negro y fértil que es alimento para la tierra y lleva el agua lejos tierra adentro. Esta inundación sólo plantea un único problema en la vida de los egipcios. Cuando el río inunda la tierra, borra los límites de la tierra de los agricultores.

Es como cuando haces un dibujo en la arena, y el mar que sube lo hace desaparecer al bajar. Entonces, puedes imaginarte las peleas cuando es necesario volver a trazar sobre el terreno los límites de la tierra, una vez que el Nilo encuentra su lecho, es decir cuando recupera su forma inicial. Porque ya no vemos las marcas que delimitan las partes de cada uno.

Los egipcios reflexionaron mucho sobre este inconveniente y encontraron una solución recurriendo a especialistas protegidos por el propio faraón y llamados «corderelos». Los cordeleros son agrimensores (hombres que miden los límites de las tierras) y utilizan una cuerda de 13 nudos. ¡Una cuerda para hacer medidas! Sí, la cuerda es el antepasado de la escuadra y el compás. Gracias a esta cuerda pueden dibujar perfectamente figuras geométricas simples como rectángulos, cuadrados y triángulos rectángulos para trazar los límites de las tierras de los agricultores cuando el Nilo vuelve a su lecho. Estos cordeleros también se denominan topógrafos. Geometría significa «la ciencia de medir la tierra» y la geometría actualmente forma parte de las matemáticas. Los arquitectos egipcios necesitaron usar la geometría para construir sus maravillosos monumentos como las pirámides.

- A continuación, pídele a tu hijo que haga un triángulo rectángulo con la cuerda. Luego, dile que piense cómo es posible, a partir de este mismo triángulo, crear un rectángulo.
Después, dile que haga un cuadrado.

Contenedores de formas de tierra y agua

✎ Material

A partir de
7 años

- 2 cuencos pequeños (de unos 20 cm de diámetro) o tazones de fondo plano, preferiblemente azules.
- Arcilla marrón autoendurecible al aire.
- Herramientas para esculpir arcilla.
- Cáscaras de nuez.
- 5 palillos de dientes.
- 5 pequeños pedazos de papel de colores.
- Patafix®.
- Una jarra llena de agua.

✋ Objetivos principales

- Fabricar tu propio equipo para estudiar todas las formas de suelo y agua en la tierra (isla, lago, bahía, cabo, istmo, estrecho, etc.).
- Saber observar el mundo.

🌐 Objetivos indirectos

- Descubrir todas las formas de tierra y agua que existen en el globo y reconocerlas.
- Desarrollar la curiosidad, el sentido de la observación.
- Estimular su motricidad.
- Mejorar la concentración.

✂ Preparación de la actividad

- Abre las 5 nueces por la mitad sin romperlas. Indícale a tu hijo que ahueque las nueces sin romper las cáscaras.
- Pídele que rellene las cáscaras con pasta de fijación.

- Luego pídele que dibuje y corte 5 velas en el papel de colores. Indícale que deslice las velas en cada palillo y plante el mástil en la pasta de fijación.

ⓐ Presentación

- Prepara los dos cuencos pequeños y los modelos de formas de tierra y agua (por ejemplo: la isla y el lago).
- En el fondo de un cuenco, coloca una capa bastante gruesa de arcilla que ocupe todo el espacio.
- En el interior, con la herramienta para cortar la arcilla, recorta un círculo que representará el lago.
- Coge esta pieza cortada y colócala en el fondo del otro cuenco.
- Espera a que se seque durante el tiempo indicado en el envase.
- Haz lo mismo con las otras formas (cada vez los pares).
- Una vez que todo esté seco, coge la jarra y vierte el agua en la parte azul.
- Haz circular los barquitos pequeños explicando de qué se trata.

Para ir más lejos

- Una vez conocidas todas las formas, pídele a tu hijo que las busque en el mapa del mundo y ayúdale a identificar los elementos principales de cada tipo.

10

El mapa del mundo

A partir de 8 años

✎ Material

- Un gran mapa del mundo.
- Imágenes de todo lo que quieras que el niño recuerde (grandes ciudades, océanos, ríos, montañas, animales, monumentos, etc.).
- Una rosa de los vientos que indica los puntos cardinales.
- Lápices de colores o rotuladores.
- Un par de tijeras.
- Pegamento.
- Un marcador negro.
- Un atlas.

Objetivos principales

- Conocer el mundo en el que vive tu hijo.
- Mejorar la concentración.
- Estimular la motricidad fina.
- Aprender los diferentes símbolos de las leyendas de los mapas.

Objetivos indirectos

- Sorprenderse con las riquezas naturales del mundo.
- Fomentar su autonomía.

Presentación

- Muéstrale a tu hijo el mapa grande del mundo y pregúntale el nombre de cada continente (a esta edad los niños saben el nombre de cada continente).
- Pídele que enumere los océanos y escriba sus nombres en el mapa.
- Explícale los diferentes puntos cardinales.

- Indícale que recorte la rosa de los vientos y la pegue en una esquina del mapa.
- Empieza haciéndole estudiar los diferentes relieves del mundo que le harás colorear con una leyenda (por ejemplo, haciéndole dibujar un pequeño rectángulo de color marrón que representa las montañas, etc.).
- Con el marcador negro, luego pídele que escriba los nombres de las principales cadenas montañosas utilizando un atlas (asegúrate de que vea las leyendas en el atlas para que respete las mismas).
- Luego, cada vez que estudiéis un elemento del mundo, lo coloreará, escribirá su nombre o pegará algo que pueda representarlo.
- Obviamente, esto debe hacerse durante un largo período y así el niño habrá hecho su mapa del mundo con la mayor cantidad de información posible.

Conclusión de la actividad

Dependiendo de la edad de los niños, podemos hacer que pongan más o menos cosas, pero en general todo lo que haya escrito o recortado y pegado por el niño se recordará mejor.

Del universo a nuestro hogar

Cultura (Geografía)

✎ Material

A partir de 7 años

- Papel Canson.
- Un par de tijeras.
- Un compás.
- Fotos de la casa, la calle, el pueblo, el departamento, la región, el país, el continente donde vives, el planeta, el sistema solar, la galaxia.
- Una corbata parisina.

✋ Objetivo principal

- Saber situarse.

🌐 Objetivos indirectos

- Despertar el interés por la cultura general.
- Tratar de entender el lugar de uno en el universo.

✂ Preparación de la actividad

- Cortar 11 discos de 5 cm de diámetro para «Mi casa»; 6,5 cm para «Mi calle»; 8 cm para «Mi ciudad»; 9,5 cm para «Mi departamento»; 11 cm para «Mi región»; 13,5 cm para «Mi país»; 15 cm para «Mi continente»; 16,5 cm para «Mi planeta»; 18 cm para «El sistema solar»; 19,5 cm para «Mi galaxia»; 21 cm para «El universo».

🄐 Presentación

- Invita a tu hijo a trazar los diferentes discos y escribe el título correspondiente en la parte inferior de cada uno.
- Pídele que pegue cada foto en el lugar correcto.
- Perfora la parte superior de cada disco y conéctalos con un clavo.

Cultura (Biología)

Vertebrado / invertebrado

✎ Material

En una bandeja:

- 2 etiquetas de título: una en la que está escrito «vertebrado» con el dibujo de una columna vertebral, y otra en el que está escrito «invertebrado» con el dibujo de una columna vertebral tachado.
- 16 fotos de animales, ocho vertebrados y ocho invertebrados.
- Una ficha plastificada completa del trabajo para que el niño pueda corregirse por sí solo.

✋ Objetivo principal

- Comprender el concepto de vertebrado e invertebrado.

🌐 Objetivos indirectos

- Estimular el interés por la ciencia.
- Tener una mente ordenada gracias a la clasificación.

Ⓐ Presentación

- Tu hijo coloca el material frente a él. Saca las etiquetas de título que coloca una al lado de la otra.
- Explícale que algunos animales tienen una estructura ósea: se les llama «vertebrados»; mientras que otros no tienen ninguna: se les llama «invertebrados».
- Pídele a tu hijo que coja las imágenes de los animales en sus manos y las coloque debajo de la etiqueta de título correcta.
- Una vez que ha terminado, él mismo debe comprobar si lo ha hecho bien con la ficha de autocorrección.

Para ir más lejos

- Puedes sugerirle a tu hijo que tome fotografías de los animales que ve, las imprima y, en un cuaderno, las ordene.

Los diferentes dinosaurios

✎ Material

A partir de 8 años

- Una cesta con figuritas de dinosaurios lo más realista posible.
- En una bandeja, o en un bolsillo previsto a tal efecto, las fichas de nomenclatura de los dinosaurios (estudiaremos 6 u 8 dinosaurios a la vez):
- Fichas plastificadas en formato 14 x 14 cm con la foto y nombre de cada uno de los dinosaurios.
- Fichas plastificadas en formato 14 x 9 cm con la foto de cada uno de los dinosaurios.
- Fichas plastificadas en formato 14 x 5 cm con el nombre de cada uno de los dinosaurios.

✋ Objetivo principal

- Descubrir y memorizar los nombres de los dinosaurios.

🌐 Objetivos indirectos

- Estimular el interés por la ciencia y la historia.
- Desarrollar el sentido de la observación.

🄰 Presentación

- Tu hijo coloca el material frente a él.
- Saca y coloca las figuritas de dinosaurios de izquierda a derecha.
- Abajo, empareja todas las fichas incluyendo la foto y el nombre.
- Debajo, empareja las fichas con sólo la foto.
- Luego, aquellas con sólo el nombre.
- Da la vuelta a las fichas superiores (boca abajo).

- Dile a tu hijo que coja todas las cartas con los nombres en sus manos, las baraje y luego las vuelva a colocar debajo de la imagen correspondiente.
- Puede autocorregirse dándole la vuelta a las imágenes superiores.

Conclusión de la actividad

Para los mayores, para ir más allá:

- Preparar fichas con una línea para el nombre del dinosaurio, con: debajo un espacio reservado para pegar o dibujar el dinosaurio elegido; líneas para escribir: comida, peso, altura, el período, sus características particulares.

Tu hijo encontrará las respuestas o en lo libros que pondrás a su disposición, o en Internet, o bien en pequeñas fichas con un breve texto del que tendrá que extraer la información que le habrás preparado previamente. Así podrá crear un cuadernillo con fichas de todos los dinosaurios.

El aire ocupa espacio

✎ Material

En una bandeja:
- Una botella.
- Un embudo.
- Una jarra de agua.
- Patafix®.

A partir de
6 años

✋ Objetivos principales

- Comprender un fenómeno físico.
- Ejercitar la motricidad fina y la capacidad de concentración.

🌐 Objetivos indirectos

- Despertar su curiosidad.
- Desarrollar habilidades de pensamiento.
- Despertar el interés por los fenómenos físicos.

a Presentación

- Invita a tu hijo a colocar el embudo en la botella.
- Bloquear el espacio entre el embudo y el cuello de la botella con pasta fija, para que no pueda pasar el aire.
- Invita al niño a verter el agua en el embudo y pregúntale qué ve.
- Entonces, responderá que el agua no ha caído.
- Invítale a sugerir explicaciones para este fenómeno.
- Llegad a las siguientes conclusiones: en la botella hay aire. La pasta fija evita que se escape el aire. Cuando se vierte el agua en el embudo, el aire ya ha ocupado todo el espacio de la botella, de modo que el agua no puede fluir dentro de la botella. Aunque invisible a simple vista, el aire está compuesto de moléculas y, por tanto, ocupa espacio.
- Invita a tu hijo a guardar el material.

El aire es más ligero que el agua

Cultura (Ciencias)

✏ Material

En una bandeja:
- Una botella con su tapón.
- Un embudo.
- Una jarra de agua coloreada.

A partir de 6 años

✋ Objetivos principales
- Comprender un fenómeno físico.
- Ejercitar la motricidad fina y la capacidad de concentración.

🌐 Objetivos indirectos
- Despertar su curiosidad.
- Desarrollar habilidades de pensamiento.
- Despertar el interés por los fenómenos físicos.
- Movilizar sus conocimientos.

ⓐ Presentación
- Invita a tu hijo a colocar el embudo en la botella.
- Pídele que vierta agua en la botella, dejando un pequeño espacio sin llenar.
- Invítale a cerrar la botella.
- Agita la botella hacia arriba y hacia abajo y pregúntale qué ve. Entonces, responderá que se ha formado una burbuja de aire.
- Indícale que sugiera explicaciones para este fenómeno. La experiencia previa debería permitirle responder que esto se debe a que el aire ocupa espacio.
- Pregúntale dónde está la burbuja cuando mueva la botella. Él debería responder que todavía está arriba.
- Invítale a sugerir explicaciones para este fenómeno.
- Llegad a la siguiente conclusión: la burbuja de aire siempre está arriba porque el aire es más liviano que el agua.
- Invita a tu hijo a guardar la actividad, devolviéndola a su estado inicial.

El volumen de aire aumenta cuando se calienta

A partir de 6 años

Material

En una bandeja:
- Una botella de cristal.
- Un embudo.
- Una jarra de agua caliente.
- Un globo.

Objetivos principales

- Comprender un fenómeno físico.
- Ejercitar la motricidad fina y la capacidad de concentración.

Objetivos indirectos

- Despertar su curiosidad.
- Desarrollar habilidades de pensamiento.
- Despertar el interés por los fenómenos físicos.

Presentación

- Invita a tu hijo a colocar el globo en el cuello de la botella.
- Pídele que vierta agua caliente en el recipiente.
- Sugiérele que coloque la botella con el globo en el recipiente y pregúntale qué ve. A continuación dirá que el globo se ha inflado.
- Invítale a sugerir explicaciones para este fenómeno.
- Llegad a la siguiente conclusión: cuando el aire se calienta, el espacio en la botella ya no es suficiente para contenerlo. Por lo tanto, parte del aire entra en el globo porque cuando el aire se calienta, su volumen aumenta.
- Invita a su hijo a guardar el material.

El aire ejerce presión

✎ Material

En una bandeja:
• Un tarro pequeño.
• Un globo.

✋ Objetivos principales

• Comprender un fenómeno físico.
• Ejercitar la motricidad fina y la capacidad de concentración.

🌐 Objetivos indirectos

• Despertar su curiosidad.
• Desarrollar habilidades de pensamiento.
• Despertar el interés por los fenómenos físicos.
• Movilizar su conocimiento.

ⓐ Presentación

• Invita a tu hijo a colocar el globo «al revés» en el tarro.
• Pídele que infle el globo con el aire, hasta que toque los bordes del tarro.
• Manteniendo el globo cerrado, ofrécele levantar el tarro sosteniendo sólo el globo. Pregúntale qué ve. Luego responderá que funciona.
• Invítale a sugerir explicaciones para este fenómeno.
• Llegad a las siguientes conclusiones: el aire presente en el globo ejerce presión en todas las direcciones.
• Invita a tu hijo a guardar el material.

¿Por qué vemos colores?

A partir de
9 años

✎ Material

En una bandeja con bordes:
- Un pequeño espejo rectangular.
- Un transportador.
- Una jarra de agua.
- Papel celofán de diferentes colores.

✋ Objetivos principales

- Comprender un fenómeno físico.
- Movilizar su conocimiento.
- Desarrolla su capacidad de concentración.

🌐 Objetivos indirectos

- Despertar su curiosidad.
- Desarrollar habilidades de pensamiento.
- Despertar el interés por los fenómenos físicos.

a Presentación

- Indícale a tu hijo a colocar la bandeja al sol, cerca de una pared.
- Apartaos y colocar de izquierda a derecha: la jarra de agua, el transportador y el papel celofán.
- Dile que llene la bandeja de agua.
- Coloca el espejo al nivel del ancho de la bandeja en el agua y dile a tu hijo que lo coloque en un ángulo de aproximadamente 45° medido con el transportador.
- Pídele que ajuste el espejo para que el espectro de luz aparezca en la pared. Invítale a decir lo que ve.

- Probablemente responderá que ve los 7 colores del arcoíris: rojo, naranja, amarillo, verde, azul, añil y violeta.
- Explícale que el espectro de luz del sol está formado por los colores del arcoíris.
- Coge el papel de celofán rojo, por ejemplo, y colócalo sobre la banda roja. Pregúntale qué ve.
- Contestará que no hay cambio.
- Ahora colócalo sobre la banda azul.
- Verá que las bandas aparecen negras.
- Una vez sacadas las conclusiones, invita a tu hijo a hacer lo mismo con las otras hojas de celofán.
- Finalmente, pídele que guarde el material.

Conclusión de la actividad

- La luz del sol blanca incluye todos los colores del arcoíris.
- Los objetos reflejan parte o toda la luz que reciben, mientras que otros colores del espectro son absorbidos.

19

La refracción de la luz

✎ Material

En una bandeja:
- Una regla.
- Un compás.
- Cinta adhesiva de unos 5 cm de ancho.
- Una botella con una superficie lisa y transparente.

A partir de 9 años

- Pintura en aerosol negra.
- Una jarra de agua.
- Una jarra pequeña de leche.
- Una linterna.
- Un par de tijeras.

✋ Objetivos principales

- Comprender un fenómeno físico.
- Desarrollar habilidades de observación.

🌐 Objetivos indirectos

- Despertar su curiosidad.
- Desarrollar habilidades de pensamiento.
- Despertar el interés por los fenómenos físicos.

ⓐ Presentación

- Saca los elementos del tablero en su orden de uso, de izquierda a derecha: regla, compás, cinta adhesiva, botella, aerosol de color, jarra de agua, jarra de leche, linterna de bolsillo.
- Invita a tu hijo a dibujar y luego corta un disco de 2,5 cm de radio de un trozo de cinta adhesiva.
- Indícale que la pegue bien hacia el centro de la botella.
- En un lugar adecuado, rocía la botella con el color negro y dejadla secar.

- Retira el disco de cinta adhesiva y raspa la pintura arriba y a 90° a la izquierda de este disco, para formar un segundo disco muy pequeño.
- Pídele a tu hijo que vierta agua hasta el centro del disco grande.
- Invítale a poner unas gotas de leche en el biberón.
- Enciende la linterna y haz brillar la luz a través del pequeño disco.
- Indícale a tu hijo que observe el comportamiento de la luz sobre el agua y luego debajo del agua. Descubrirá que la luz se desvía cuando toca el agua.
- Después de que haya hecho sus observaciones, muéstrale cómo puede guardar la actividad.

Conclusión de la actividad

- La luz viaja más rápido en el aire que en el agua. Cuando un rayo de luz cambia de medio (pasa del aire al agua por ejemplo), cambia de dirección si cambia la velocidad de la luz en ese medio. La luz, por tanto, cambia de dirección y se desvía de su trayectoria inicial cuando entra en contacto con el agua.
- La luz que pasa por el aire llega a nuestros ojos más rápido que la luz que pasa por el agua. Lo vemos muy bien cuando metemos un lápiz, por ejemplo, en un vaso de agua, que nos da la impresión de que está roto. Este fenómeno se llama «refracción de la luz».

20

Conductor / aislante

Material

A partir de
6 años

- Una tabla de madera, formato A4.
- 4 pinzas de contacto.
- Una bombilla en una base.
- Tres cables eléctricos.
- Pegamento.
- Una hoja de papel en blanco, formato A4.
- Un lápiz.
- Un bol.
- 8 objetos en diferentes materiales: 4 conductores y 4 aislantes.
- Una pila con pestañas.
- Una ficha plastificada del trabajo terminado para la autocorrección.

Objetivos principales

- Introducir las nociones de electricidad.
- Comprender la noción de conductor y aislante.

Objetivos indirectos

- Estimular el interés por la ciencia.
- Prepararse para comprender los peligros de la electricidad.

Preparación de la actividad

- En la parte inferior de la placa, pega la pila con pestañas.
- En cada pestaña, engancha un cable eléctrico con una pinza de contacto.
- La otra pinza de contacto de uno de los cables se conectará al terminal de una bombilla en una base que pegarás en la parte superior de la placa.

- Conecta otro cable con pinza de contacto al otro terminal de la bombilla.
- Dos pinzas de contacto no están conectadas a nada.
- En la bandeja, coloca las dos etiquetas de título: una en la que está escrito «conductor» con el dibujo de una bombilla encendida; otro en el que se escribe «aislador» con el dibujo de una bombilla apagada.
- Coloca los objetos, los 4 conductores y los 4 aisladores en el bol.

Presentación

- Tu hijo coloca el material frente a él.
- A la derecha de la tabla de madera con el equipo eléctrico, coloca el bol que contiene los objetos y, debajo, las etiquetas de título, una al lado de la otra.
- Tu hijo saca un primer objeto y coloca cada pinza de contacto que no está conectada a cada extremo del objeto.
- Si se enciende la luz, explícale a tu hijo que estamos hablando de un material conductor. Luego coloca el objeto bajo la etiqueta de título «conductor».
- Si la luz no enciende, explícale a tu hijo que la corriente eléctrica no pasa y que por tanto estamos hablando de un material aislante. Luego coloca el objeto bajo la etiqueta de título «aislante».
- Se procede de la misma forma con todos los objetos.
- Una vez que tu hijo ha terminado, se corrige a sí mismo con la hoja de autocorrección.

Para ir más lejos

- Discutid sobre los peligros de la electricidad. Después de esta actividad, tu hijo debe comprender por sí mismo por qué no ponemos un tenedor de metal en una tostadora, por ejemplo, o un secador de pelo en la bañera llena de agua, etc.

21

La línea de vida de una estrella: la bandeja de trabajo

A partir de 12 años

✎ Material

- Una hoja de papel en blanco, formato A4.
- Una plastificadora.
- Una pieza de poliestireno extruido, formato A3, de 8 mm de espesor.
- Las siguientes fotos por duplicado: foto de una nube interestelar, foto de una estrella pequeña, foto de una estrella gigante roja, foto de una estrella enana blanca, foto de una nebulosa planetaria, foto de una supernova, foto de estrella de neutrones, foto de un agujero negro.
- 8 imanes.

✋ Objetivo principal

- Comprender cómo nace y muere una estrella.

🌐 Objetivos indirectos

- Estimular el interés por la ciencia.
- Comprender el funcionamiento de lo que nos rodea.

✂ Preparación de la actividad

- En la hoja, recrea la línea de vida de la estrella. En el centro a la izquierda, la foto de una nube interestelar con el nombre escrito debajo.
- De esta nube parten dos líneas de vida: una pequeña estrella, que se convierte en gigante roja, luego en nebulosa planetaria y finalmente en enana blanca; una estrella mediana o grande, que se convierte en una supergigante roja, luego en una supernova y finalmente en una estrella de neutrones o un agujero negro.
- Plastifica esta hoja completa que se utilizará como ficha de autocorrección.
- En la pieza de poliestireno, pega la lima en blanco de la línea de vida de la estrella (solo con las flechas y los imanes en la ubicación de las fotos).
- Lamina y magnetiza cada una de las 8 fotos.
- Coloca todos estos elementos sobre una superficie de trabajo.

ⓐ Presentación

- Invita a tu hijo a colocar el material frente a él.
- Que descubra por sí mismo la hoja completa con el diagrama de la línea de vida de una estrella.
- Cuando esté listo, invítale a reemplazar las fotos magnéticas en la superficie de trabajo con la ayuda del modelo.
- Cuando él quiera, que vuelva a hacer el trabajo sin el modelo, y una vez terminado, se corrija a sí mismo.

Para ir más lejos

- Aquí hay algunas ideas de debate para apoyar estos descubrimientos: «Nuestro Sol es una estrella pequeña. En unos miles de millones de años, ¿en qué se convertirá? ¿Qué será al final de su vida? ¿Crees que hay estrellas más grandes que nuestro Sol en el universo? ¿Por qué el Sol es la estrella que vemos más grande?».
- Una vez que tu hijo haya trabajado con la bandeja, querrá comprender mejor qué es una estrella de neutrones, un agujero negro, etc. Podrá encontrar las respuestas a todas sus preguntas con la siguiente actividad, «La línea de vida de una estrella».

22

La línea de vida de una estrella: las cartas de nomenclatura

✎ Material

A partir de
12 años

En una bandeja, o en un bolsillo dispuesto al efecto, colocar las fichas de nomenclatura de los elementos de la línea de vida de una estrella, así como sus definiciones:

- 8 láminas plastificadas grandes en formato 14 x 14 cm con la foto y el nombre de cada uno de los elementos que aparecen en la bandeja de trabajo de «La línea de vida de una estrella» (nube interestelar, estrella pequeña, estrella gigante roja, estrella enana blanca, nebulosa planetaria, supernova, estrella de neutrones, agujero negro).

- 8 láminas plastificadas en formato 14 x 9 cm con sólo la foto de cada uno de los elementos que aparecen en la superficie de trabajo de la línea de vida de una estrella.

- 8 láminas plastificadas en formato 14 x 5 cm con sólo el nombre de cada uno de los elementos que aparecen en la superficie de trabajo de la línea de vida de una estrella.

- 8 láminas plastificadas grandes en formato 14 x 14 cm sólo con el nombre y definición de cada uno de los elementos que aparecen en la superficie de trabajo de la línea de vida de una estrella.

- Una gran hoja plastificada en formato 14 x 9 cm sólo con la definición de cada uno de los elementos que aparecen en la superficie de trabajo de la línea de vida de una estrella.

Objetivo principal

- Comprender y memorizar las diferentes etapas de la vida de una estrella, así como las definiciones de cada uno de los fenómenos.

Objetivos indirectos

- Estimular el interés por la ciencia.
- Comprender el funcionamiento de lo que nos rodea.

Presentación

- En esta etapa, tu hijo normalmente está acostumbrado a trabajar con fichas de nomenclatura y puede hacerlo de forma independiente sin presentación.
- Tu hijo coloca el material frente a él. Primero saca las fichas correspondientes a la línea de vida de una pequeña estrella.
- Él saca y coloca de izquierda a derecha todas las fichas que incluyen la foto y el nombre.
- Debajo empareja las fichas con sólo la foto.
- Luego, aquellas con sólo el nombre.
- Le da la vuelta a las fichas superiores (de modo que queden boca abajo).
- Coge todas las fichas con los nombres en sus manos, las mezcla y luego las vuelve a colocar debajo de la imagen correspondiente.
- Se corrige él solo dándole la vuelta a las imágenes superiores.
- Empareja fichas con nombre y definición.
- Les da la vuelta y empareja las fichas con sólo la definición.
- Voltea nuevamente las fichas con nombre y definición para corregirse.
- Procede de la misma forma para la línea de vida de una estrella mediana o grande.

Para ir más lejos

- Tu hijo podrá hacer un cuaderno de la línea de vida de una estrella. En este cuaderno aparecerá la foto de cada uno de los elementos de la línea de vida, así como las definiciones sin los nombres. Tu hijo añadirá a lápiz los nombres de cada uno de los elementos y los correspondientes a las definiciones.

23

Los diferentes tamaños de estrellas: para ir más lejos

✎ Material

**A partir de
10 años**

- 2 hojas de papel blanco, formato A3.
- Un trozo de corcho formato A3 de 8 mm de grosor.
- Cola de madera.
- Una tabla de madera de 2 mm de grosor.
- Palos de madera de 4 mm de grosor.
- Impresiones de las diferentes estrellas.
- Impresiones de nombres coincidentes.
- Una plastificadora.

✋ Objetivo principal

- Comprender que hay diferentes estrellas y que nuestro Sol es sólo una pequeña estrella a pesar de su inmensidad.

🌐 Objetivos indirectos

- Promover el interés por la ciencia.
- Comprender el funcionamiento de lo que nos rodea.

✂ Preparación de la actividad

- En una hoja de papel, crea una ficha en blanco con sólo las diferentes estrellas. Deja espacios debajo para colocar las banderas allí con los nombres de las estrellas.
- En la hoja de papel A3, crea una ficha (autocorrección) en la que se representarán diferentes estrellas de diferentes tamaños (por ejemplo, el Sol, Sirio, Pollux, Arcturus, Rigel, Aldebarán, Betelgeuse, Antares, la Estrella Pistola, KW Sagittarii, V354 Cephei, UY Scuti).

- Plastifica la ficha completa.
- Fija el trozo de corcho con la cola sobre la placa de madera. Coloca la ficha en blanco en él.
- En los palos, pegar las impresiones de los nombres de las estrellas que formarán así las banderitas.

ⓐ Presentación

- Tu hijo saca la bandeja de autocorrección y descubre el material.
- Una vez que ha leído los nombres de todas las estrellas, toma la bandeja de trabajo que no contiene los nombres de las estrellas y coloca las banderas en los lugares correctos ayudándose del modelo.
- Cuando tu hijo se sienta preparado, que coloque las banderas sin el modelo y luego se autocorrija.
- Finalmente, devuelve su trabajo al estado inicial.

Para ir más lejos

- Aquí hay algunas ideas de debate para apoyar estos descubrimientos: «¿Es nuestro Sol la estrella más grande del universo? ¿De qué color son las estrellas más grandes? ¿Está una gran estrella al principio o al final de su vida?».

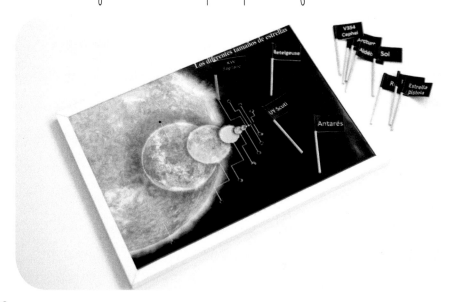

24

Las partes del átomo: mapas de nomenclatura

A partir de
12 años

✎ Material

En una bandeja, o en un bolsillo previsto para tal fin,
se colocan las fichas de nomenclatura de las partes del átomo,
así como sus definiciones:

- Fichas plastificadas en formato 14 x 14 cm con la imagen y el nombre de las partes del átomo.
- Fichas plastificadas en formato 14 x 9 cm con la imagen de las partes del átomo.
- Fichas plastificadas en formato 14 x 5 cm con los nombres de las partes del átomo.
- Fichas plastificadas en formato 14 x 14 cm con el nombre y definición de las partes del átomo.
- Fichas plastificadas en formato 14 x 9 cm con la definición de las partes del átomo.

✋ Objetivo principal

- Comprender y memorizar las diferentes partes del átomo.

🌐 Objetivos indirectos

- Estimular el interés por la ciencia.
- Comprender el funcionamiento de lo que nos rodea.

🅰 Presentación

- Explícale a tu hijo:
  La materia constituye todo lo que existe en el universo: todo lo que puedes tocar, e incluso lo que no; todo lo que está vivo, y no vivo. La materia tiene **3 estados principales**: estado sólido, estado líquido, estado gaseoso.

La materia ocupa espacio y tiene *masa*. Así, en *física*, todo lo que tiene *masa* es *materia*. La materia está formada por *moléculas*. Las moléculas están formadas por átomos. La palabra «átomo» procede del griego «*atomos*» que significa «indivisible».

Son los constituyentes elementales de todas las sustancias sólidas, líquidas o gaseosas, una especie de «ladrillos». Pensamos que habíamos llegado a la entidad más pequeña que constituye la materia con átomos, pero estos están compuestos por partículas aún más pequeñas: por un lado, un núcleo duro que tiene casi toda la masa del átomo y que es muy pequeño, un conjunto de protones y neutrones (llamados nucleones); y por otro lado una ligera y vasta nube que contiene electrones. Todos los átomos idénticos corresponden a un elemento químico: todos los átomos de hidrógeno son idénticos, lo mismo para los átomos de carbono… Todos los átomos de un mismo elemento químico tienen el mismo número de protones (llamado número atómico, y que se representa Z), que es igual al número de electrones de la nube electrónica, y el mismo número de neutrones.

- En esta etapa, tu hijo normalmente está acostumbrado a trabajar con fichas de nomenclatura y puede hacerlo de forma independiente sin presentación.
- Dile que coloque el material frente a él. Entonces saca y coloca de izquierda a derecha todas las fichas incluyendo la imagen y el nombre.
- A continuación, sigue emparejando las fichas con sólo la imagen. Luego, aquellas con sólo el nombre.
- Le da la vuelta a las fichas superiores (de modo que queden boca abajo).
- Coge todas las fichas con los nombres en sus manos, las mezcla y luego las vuelve a colocar debajo de la imagen correspondiente.
- Se corrige él solo dándole la vuelta a las imágenes superiores.
- Empareja la fichas con nombre y definición.
- Les da la vuelta y empareja las fichas con sólo la definición.
- Voltea nuevamente las fichas con nombre y definición para corregirse.

Para ir más lejos

- Tu hijo podrá hacer un cuaderno de las partes del átomo. En este cuaderno aparecerá la imagen de cada una de las partes del átomo.

25

La tabla periódica de los elementos químicos

✎ Material

A partir de 12 años

- Para cada elemento químico, haz una ficha indicando dónde se puede encontrar el elemento en la naturaleza, cómo se usa, cuáles son los posibles peligros de este elemento y menciona ciertas moléculas en las que se encuentra.
- La ficha de clasificación de elementos plastificada.

✋ Objetivo principal

- Comprender los elementos y su clasificación.

🌐 Objetivos indirectos

- Estimular el interés por la ciencia.
- Comprender el mundo que nos rodea.

a Presentación

- Explícale a tu hijo:

Los **elementos químicos** se clasifican en una tabla periódica de los elementos, creados por Mendeleyev. En esta tabla, Mendeleyev clasificó los elementos uno tras otro por masa atómica creciente.

Ahora sabemos que esto equivale a clasificarlos por número creciente de nucleones A. También colocó en la misma columna elementos con propiedades químicas comparables. De ahí la forma de una mesa. En el 1 700 solo se conocían **14 elementos químicos**: plata, estaño, bismuto, cobre, hierro, zinc, mercurio, oro, plomo, carbono, antimonio, arsénico, fósforo y azufre. El desarrollo de la tabla llevó 200 años y no se debe solo a Mendeleyev.

Un cuerpo simple es una sustancia formada por un sólo tipo de átomo, que puede:

— agruparse en moléculas: por ejemplo, el gas «dioxígeno» está formado por moléculas de O2, cada una de ellas formada por dos átomos de oxígeno. Es un cuerpo sencillo;

— o no: el metal «cobre» consta de átomos de Cu unidos entre sí, el gas «helio» consta de átomos de He.

- Invita a tu hijo a leer las fichas por elemento.

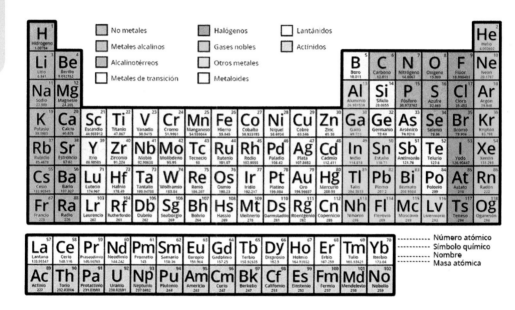

- Cuando haya leído cinco de ellos, léelos sin dar el nombre del átomo correspondiente y pídele que encuentre ese nombre.
- Continuad así hasta que haya visto todos los átomos.
- Luego puedes pedirle que reconstituya la tabla de Mendeleyev con las fichas usando el modelo, y luego sin el modelo.

La constitución de un átomo en protones, neutrones y electrones

Material

A partir de
12 años

- Una tabla de madera de 47 cm x 47 cm.
- Un compás.
- Un taladro.
- Un bol pequeño.
- Una ficha de plástico por átomo.
- Fotos de las distribuciones correctas de partículas en el átomo con detalles del número de protones, neutrones y electrones.
- Una caja de cuentas rojas, una de cuentas azules y otra de verdes.
- La tabla de clasificación de los elementos químicos (actividad 25, La tabla periódica de los elementos químicos).

Objetivo principal

- Comprender cómo se distribuyen las partículas que forman un átomo.

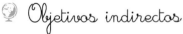

Objetivos indirectos

- Estimular el interés por la ciencia.
- Introducción a la química.

✂ Preparación de la actividad

- En la tabla de madera, dibuja 8 círculos (con radios de 4 cm, 6,5 cm, luego continúa así cada 2,5 cm).
    - — Alrededor del primer círculo, agujerea una celda para colocar las cuentas: una arriba, una abajo; esta será la capa (K).
    - — Alrededor del segundo círculo, 8 celdas, ésta será la capa (L).
    - — Alrededor del tercer círculo, 18 celdas, ésta será la capa (M).
    - — Alrededor del cuarto círculo, 32 celdas, ésta será la capa (N).
    - — Alrededor del quinto círculo, 32 celdas, ésta será la capa (O).
    - — Alrededor del sexto círculo, 18 celdas, ésta será la capa (P).
    - — Alrededor del séptimo círculo, 8 celdas, ésta será la capa (Q).
- En cada celda, coloca las cuentas rojas, capa por capa, para representar los electrones.
- En el centro, coloca un bol pequeño. Coloca las cuentas azules y verdes que representan protones y neutrones.
- Prepara una ficha para cada átomo en la que se escriba la representación simbólica del mismo. En el reverso del mismo, pega la foto de la distribución correcta de partículas en el átomo, con el detalle del número de protones, neutrones y electrones.

ⓐ Presentación

- Explícale a tu hijo:

  Ahora sabemos que los elementos se colocan aumentando el número atómico Z en la tabla periódica. Cuando pasamos de un elemento al siguiente, agregamos un electrón en la nube electrónica, un protón en el núcleo y algunos neutrones en el núcleo. La primera línea de la clasificación corresponde a una primera capa de electrones alrededor del núcleo con un máximo de 2 electrones: la capa K.

  La segunda línea corresponde a una segunda capa de electrones con un máximo de 8 electrones: la capa L. Observamos que la tercera línea tiene solo 8 elementos. Corresponde a 8 ubicaciones de electrones de las 18 posibles en la tercera capa de la tabla de madera. Los electrones empezarán a llenar la 4.ª capa antes de haber terminado de llenar la 3.ª: podemos poner 8 electrones en los

32 espacios posibles, luego llena los 10 espacios que quedaron vacantes en la 3.ª capa.

Primero propón elementos con Z del 1 al 18: líneas 1, 2, 3 de la tabla periódica.

Luego Z del 19 al 36: 4.ª línea.

- Explícale a tu hijo: la representación simbólica del núcleo de un átomo es: AZX (donde X es el símbolo del átomo).

  A es el número de nucleones, por lo tanto de protones y neutrones.

  A se llama número de masa.

  Z es el número de protones en el núcleo.

  Z se llama el número atómico.

  Entonces, el número de neutrones es $N = A - Z$.

  El número de electrones alrededor del núcleo = número de protones en el núcleo = Z.

- Invítalo a coger la tabla de un átomo y encontrar el número de electrones, neutrones y protones.

- Tu hijo se autocorrige volteando la ficha. Luego puede transcribir su resultado en un cuaderno.

Lenguaje

Las tarjetas de fonemas

✎ **Material**

- Hojas blancas, formato A4.
- Un ordenador.
- Una plastificadora.

A partir de
7 años

✋ **Objetivos principales**

- Aprender las diferentes grafías de un mismo sonido.
- Desarrollar la ortografía.
- Desarrollar su vocabulario.

🌐 **Objetivos indirectos**

- Prepararse para la expresión escrita.
- Aprenda a memorizar.
- Mejorar la concentración.

✂ **Preparación de la actividad**

- Elige un sonido, por ejemplo, el sonido «an». Determina el número de formas posibles de escribir este sonido. Aquí tenemos an, am, en, em, aon. Son 5 formas diferentes.
- Coloca una hoja horizontalmente y en el centro dibuja un círculo de 3 cm de radio, en cuyo centro escribirás «an». A partir de este círculo salen líneas rectas que dividirán el resto de la hoja en 5 partes correspondientes a las 5 formas diferentes de escribir el sonido. Las líneas van hasta el final de la hoja.
- Alrededor del primer círculo, dibuja un segundo círculo a 2 cm del primero. Este segundo círculo se corta en 5 partes. Deja esta hoja a un lado.
- Haz una segunda copia de esta hoja sin escribir nada dentro y plastifícala.
- Coge la otra copia (es decir, la primera) y en el segundo círculo, en cada parte, escribe las diferentes formas de escribir el sonido

«an». Dentro de cada parte grande, más allá del segundo círculo, escribirás todas las palabras que encuentres que estén escritas con el sonido escrito en el segundo círculo. Por ejemplo: para «an», tienes: diván, triángulo, ángulo, volcán, lavanda, pelícano, antílope… Para «am» tienes amperio, campo, lámpara, amable… Para «en» tienes tienda, sien, diente, pendiente, lento… Para «em» tienes diciembre, empatía, tempestad, emperador, temblón, miembro… Para «aon» tienes faraón, gaón, licaón…

- Hacer etiquetas independientes con cada una de las palabras de la tabla, así como etiquetas con los diferentes fonemas (an; am; en, em, aon) y plastificarlo todo.
- Preparar una hoja con: una oreja dibujada al lado para mostrar que es el sonido que escuchamos, el mismo círculo dividido en 5 partes. Cada parte tiene una línea para el título que será la indicación de cómo escribir el «an».

a Presentación

- En una alfombra, muéstrale la tabla a tu hijo con las diferentes formas de escribir el sonido «an» lleno de las palabras correspondientes a estas diferentes ortografías.
- Indícale que trate de recordar estas palabras.
- Coge la segunda tabla y las etiquetas de las formas de escribir el sonido «an», así como las etiquetas de las palabras. Pídele que complete esta segunda tabla mirando el modelo.
- Cuando el niño crea que lo sabe, dale la vuelta a la tabla completa, retira todas las etiquetas de fonemas y de palabras e invítalo a intentar reconstruir la tabla por sí mismo.
- Luego, toma otra hoja en la que habrás escrito como título el sonido «an», con una oreja al lado. Dile que copie las palabras en los recuadros correctos.

Conclusión de la actividad

- Este método ayuda mucho al niño a memorizar la ortografía de las palabras. El idioma español incluye muchas palabras en las que escuchamos el mismo sonido pero este sonido se escribe de manera diferente.

02

Palabras homófonas

✎ Material

- Imágenes o fotos por duplicado de palabras que suenan igual pero se escriben diferente.
- Una libreta pequeña.
- Un marcador borrable.
- Una plastificadora.

✋ Objetivo principal

- Adquirir ortografía.

🌐 Objetivos indirectos

- Prepararse para la expresión escrita.
- Mejorar la concentración.
- Aprender a memorizar.
- Desarrollar su vocabulario.

✂ Preparación de la actividad

- Pegar los dibujos o fotos en papeles de 3 cm x 6 cm.
- Escribe a su derecha la palabra correspondiente.
- Prepara tantas fichas como sea posible (gusano/vaso, cubo/foca, mar/madre, caña/caña, padre/pareja, agua/alto, etc.).
- Haz de nuevo las mismas fichas pero sin las palabras, con líneas en blanco para escribir la palabra que falta. Para niños mayores, crea una pequeña ficha con la definición de lo que es un homófono.
- Plastifícalo.

a Presentación

- En un tapete o en una mesa, coloca las tarjetas y pídele a tu hijo que junte las palabras que se pronuncian de la misma manera y que no se escriben de la misma manera.
- Indícale que memorice la ortografía en cada caso.
- Dale las tarjetas con sólo el dibujo o la foto y dile que escriba la palabra con el rotulador borrable.
- Sugiérele escribirlas e ilustrarlas en un cuaderno.
- El próximo paso será pedirle que use estas palabras en oraciones que él mismo creará.

Conclusión de la actividad

- Una vez más, apelamos a los sentidos del niño y a lo concreto, ya que primero verá la representación de la palabra y luego su ortografía.

03

El desarrollo del vocabulario

Lenguaje

✎ Material

- Hojas de papel de 20 cm x 20 cm.
- Imágenes sobre muchos temas.
- Hojas de planificación.
- Una plastificadora.

✋ Objetivos principales

- Desarrollar su vocabulario.
- Aprender a memorizar.

🌐 Objetivos indirectos

- Fomentar la confianza en sí mismo.
- Aprender a memorizar.

a Presentación

- Según el tema que le interese a tu hijo, recorta imágenes por duplicado o busca imágenes en Internet que imprimirá en recuadros de 4 cm x 4 cm por duplicado (al menos 6 pares de imágenes).
- En estas tarjetas, escribe el nombre del objeto o personaje representado.
- Recorta la etiqueta con la palabra de una de las dos imágenes a 1,5 cm de la parte inferior.
- Plastifícalo todo para una mejor resistencia.
- Sugiérele a tu hijo que aprenda vocabulario sobre un tema determinado.
- Extiende las imágenes con el nombre de izquierda a derecha sobre un tapete.
- Indícale que empareje las imágenes sin el nombre, y luego coloque la etiqueta de la palabra debajo.

- Pídele que recuerde bien la palabra en relación con la imagen. Pon boca abajo las imágenes terminadas, mezcla las etiquetas y dile que vuelva a colocar las tarjetas de palabras en el lugar correcto, en las tarjetas en blanco.
- Tu hijo se corregirá a sí mismo dándole la vuelta a la imagen completa.

Para ir más lejos

- Puedes crear este tipo de ejercicios sobre todos los temas posibles: arte, historia, etc. Es una gran manera de aprender vocabulario.

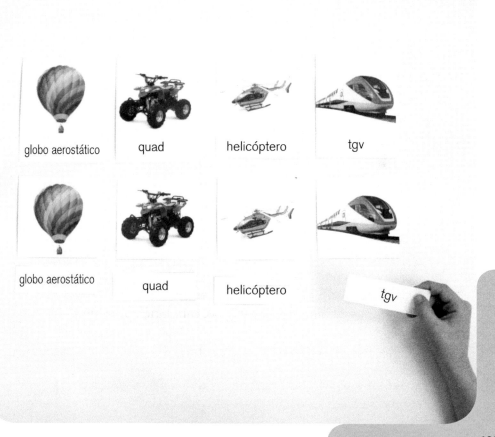

globo aerostático   quad   helicóptero   tgv

globo aerostático   quad   helicóptero   tgv

04

El orden cronológico

✏ Material

- Hojas de papel, formato A4 de diferentes colores.
- Un ordenador.
- Una impresora.

A partir de
7 años

✋ Objetivos principales

- Encontrar el orden cronológico de varios párrafos para reconstruir una historia que tenga sentido.
- Desarrollar la lectura comprensiva.

🌐 Objetivos indirectos

- Encontrar el orden cronológico de varios párrafos para reconstruir una historia que tenga sentido.
- Desarrollar la lectura comprensiva.

✂ Preparación de la actividad

- Le vas a proponer a tu hijo que reconstruya varios textos, colocados en hojas separadas. Escribe o mecanografía los párrafos pertenecientes a una misma historia en papeles del mismo color.
- Cada párrafo está en un papel separado. En el reverso del papel se indica el orden en el que se debe poner esta parte cuando se quiere reconstruir la historia.
- Cambiar el color de la hoja por otra historia.

a Presentación

- Enséñale a tu hijo las hojas en las que están escritos o mecanografiados los párrafos desordenados e invítale a leerlos.

- Después de leer cada parte, pregúntale el significado de lo que acaba de leer.
- Cuando haya leído todos los párrafos, pregúntale qué cree que encontrará al final de la historia. Luego coloca esta parte en la parte inferior de la mesa.
- A continuación, pregúntale qué cree que sucedió justo antes. Después, pon esta parte justo encima de la anterior. Y sigue así.
- Una vez colocadas todas las partes en el orden que tu hijo dice sobre la tabla, pídele que vuelva a leer el texto así ordenado.
- Si todavía está de acuerdo con su cronología, sugiérele que le dé la vuelta a cada parte y verifique si los números están en orden.
- Si no lo están, que los corrija.
- Luego dale otros papeles que inventen otra historia y déjalo que lo haga solo.

Conclusión de la actividad

- Al principio, elige párrafos muy cortos (una oración corta) y pocos párrafos para reconstruir una historia. Luego, crea párrafos más largos y más partes.

Mamie Gaby cuenta a Claire y Lucie la historia del simpático monstruo verde.

De repente, llaman a la puerta. Claire corre a abrirla y se encuentra cara a cara con un extraño hombrecillo verde.

Los dos niños ríen a carcajadas mientras escuchan las aventuras de Globulon.

05

Describir la escena que falta

✎ Material

A partir de
7 años

- Serie de imágenes que forman una historia.
- Hojas de papel blanco, formato A4.
- Lápices de colores.
- Un lápiz.
- Un par de tijeras.

✋ Objetivos principales

- Desarrollar la creatividad.
- Desarrollar la escritura.
- Desarrollar el pensamiento lógico.

🌐 Objetivos indirectos

- Situarnos en el tiempo.
- Desarrollar vocabulario.
- Estimular la construcción del pensamiento lógico.

a Presentación

- Coloca las imágenes en orden y elimina una (sin que su hijo vea cuál) dejando un espacio en blanco en la serie.
- Indícale que diga primero qué está pasando en cada imagen y qué significa la historia.
- Luego pídele que imagine y te explique la escena de la imagen que falta.
- Invítale a escribir debajo de cada imagen un breve texto que la describa (una oración para los más pequeños, algo más para los mayores).
- Dile que escriba lo que pudo haber pasado en la imagen que falta y que luego lo ilustre con un dibujo.
- Luego voltea la imagen oculta (no tiene que ser la misma escena).

- Siempre es muy positivo ofrecer ejercicios de escritura a los niños. Sobre todo no señales las faltas de ortografía. Cuantas más habilidades ortográficas tenga tu hijo, más podrás pedirle que busque sus faltas de ortografía en esto o aquello, pero no todas a la vez.

06

Lo que viene antes, lo que viene después

✏ Material

- Serie de imágenes que forman una historia.

A partir de 7 años

✋ Objetivos principales

- Desarrollar la creatividad.
- Desarrollar la escritura.
- Desarrollar el pensamiento lógico.

🌐 Objetivos indirectos

- Situarnos en el tiempo.
- Desarrollar vocabulario.
- Estimular la construcción del pensamiento lógico.

🅐 Presentación

- Coloca las imágenes en orden y pídele a tu hijo que primero cuente en voz alta lo que sucede en cada imagen y lo que significa la historia.
- Indícale que escriba lo que sucede debajo de cada imagen (una oración para los niños más pequeños, algo más para los niños mayores).
- Pídele que imagine y escriba lo que podría haber sucedido antes de la primera imagen y después de la última. También puede dibujarlo.

Conclusión de la actividad

- Siempre es muy positivo ofrecer ejercicios de escritura a los niños. Sobre todo, no señales las faltas de ortografía. Cuantas más habilidades ortográficas tenga tu hijo, más podrás pedirle que busque sus faltas de ortografía en esto o aquello, pero no todas a la vez.

Campos léxicos con objetos pequeños

A partir de 7 años

✎ Material

- Cajas formadas por pequeños objetos pertenecientes a un mismo campo léxico (unos diez por caja): el circo, el mar, los deportes de invierno, la equitación, la selva, la granja, etc.
- En el recuadro, el título del campo léxico.
- Papel.

✋ Objetivos principales

- Desarrollar la creatividad.
- Desarrollar la escritura.
- Desarrollar el pensamiento lógico.

🌐 Objetivo indirecto

- Desarrollar vocabulario.

ⓐ Presentación

- Ofrécele a tu hijo los diferentes recuadros para cada campo léxico y pídele que elija uno.
- Indícale que saque todos los objetos de la mesa y que piense en una historia que contenga al menos los nombres de 5 (o más) objetos.
- Luego, tu hijo escribe una historia sobre el tema elegido con el vocabulario correspondiente.

Conclusión de la actividad

- Cuanto mayor sea el niño, más objetos tendrá que utilizar y más larga tendrá que ser su historia.

Los campos léxicos con imágenes

A partir de
7 años

Lenguaje

✎ Material

- Imágenes que representan un tema.
- Debajo de cada imagen, una treintena de palabras pertenecientes a este campo léxico (circo, mar, deportes de invierno, equitación, selva, granja, estaciones, campo, ciudad, etc.).
- Hojas de papel blancas, tamaño A4.
- Lápices de colores.

✋ Objetivos principales

- Desarrollar la creatividad.
- Desarrollar la escritura.
- Desarrollar el pensamiento lógico.

🌐 Objetivo indirecto

- Desarrollar vocabulario.

Ⓐ Presentación

- Ofrécele a tu hijo las diferentes hojas para cada campo léxico y pídele que elija una.
- Sugiérele que mire bien todo el vocabulario y piense en una historia que contenga al menos diez palabras (al principio).
- El niño luego escribe una historia sobre el tema elegido con el vocabulario correspondiente.

Conclusión de la actividad

- A mayor edad del niño, mayor número de palabras tendrá que usar y más larga tendrá que ser su historia.

Redactar una introducción

Material

**A partir de
7 años**

- Postales de temática variada (animales, marinas, montañas, etc.).
- Hojas A4 blancas o un cuaderno para escribir.
- Un lápiz.

Objetivo principal

- Aprender acerca de la escritura.

Objetivos indirectos

- Desarrollar su creatividad.
- Estimular su deseo de escribir.

Presentación

- Elige un tema: animales, paisajes, etc.
- Sobre este tema, invita a tu hijo a elegir una postal.
- Prepara una ficha con preguntas dejando un espacio para las respuestas.
- Las preguntas son: ¿quién? ¿Qué? ¿Cuándo? Y para los mayores: ¿dónde?
- El niño, dependiendo de la postal, debe escribir las respuestas a estas preguntas.
- Luego escribirá. No corrijas las faltas de ortografía para no frustrarlo ni entorpecer su creatividad.
- Ten preparadas varias introducciones escritas de varias tarjetas postales y déjalas a un lado (antes de escribir desarrollos y conclusiones).

Conclusión de la actividad

- Si el niño es muy pequeño, no esperes una respuesta demasiado larga: a medida que crezca, más escribirá.

Redactar un desarrollo

✎ Material

A partir de
7 años

- Las fichas utilizadas para la actividad n.°3.
- Hojas blancas, formato A4 o un cuaderno para escribir.
- Un lápiz.

✋ Objetivo principal

- Aprender acerca de la escritura.

🌐 Objetivos indirectos

- Desarrollar su creatividad.
- Estimular su deseo de escribir.

Ⓐ Presentación

- Elige un tema: animales, paisajes, etc.
- Retira las postales así como las presentaciones ya escritas.
- Explícale que ahora va a escribir el desarrollo.
- Prepara una ficha con preguntas dejando espacio para las respuestas. Las preguntas son: «¿Qué contará tu historia? ¿Cuáles son los personajes? ¿Puedes describirlos?» Sugiérele que escriba sus ideas y las enumere para ponerlas en orden.
- Dependiendo de la ficha, tu hijo escribe las respuestas a estas preguntas.
- Luego deja que escriba (no corrijas las faltas de ortografía para no frustrarlo ni entorpecer su creatividad).
- Si tu hijo es muy pequeño, no esperes una respuesta demasiado larga: a medida que crezca, más escribirá.

Conclusión de la actividad

- Hazle redactar varios desarrollos según las diversas postales y resérvalos (en previsión de escribir conclusiones).

Lenguaje

Redactar una conclusión

✎ Material

A partir de 7 años

- Las fichas utilizadas en la actividad n.°3.
- Hojas blancas, formato A4 o un cuaderno para escribir.
- Un lápiz.

🖐 Objetivo principal

- Aprender acerca de la escritura.

🌐 Objetivos indirectos

- Desarrollar su creatividad.
- Promover el gusto por la escritura.

a Presentación

- Elige un tema: animales, paisajes, etc.
- Retoma las postales de la actividad n.°3, así como a las introducciones y exposiciones ya escritas.
- Explícale que ahora va a escribir la conclusión.
- Prepara una ficha con preguntas dejando espacio para las respuestas. Las preguntas son: «¿Qué piensas de tu historia? ¿Qué has aprendido? ¿Cómo te ha hecho sentir?».
- Dependiendo de la ficha, tu hijo escribe las respuestas a estas preguntas.
- Luego deja que escriba (no corrijas las faltas de ortografía para no frustrarlo ni entorpecer su creatividad).
- Si es muy pequeño, no esperes demasiado por respuesta. A medida que crezca, más escribirá.
- Prepara varias conclusiones extraídas de varias postales y guárdalas a un lado.
- Ahora invítale a combinar la introducción y la conclusión en la misma postal.

Conclusión de la actividad

- Como aconseja María Montessori, no hay que presentarle más de una dificultad a la vez. Ésta es la razón por la cual es importante trabajar inicialmente sólo en las introducciones, luego sólo en los desarrollos, y luego en las conclusiones.
- Así el niño aprende a escribir cada parte. Si deseas corregir sus errores ortográficos, pídele al niño que pase su texto de nuevo y que lo haga sin faltas.

La historia de un viaje

✎ Material

A partir de
8 años

- Mapas de diferentes países o regiones con las rutas que hayas elegido.
- Imágenes o fotos correspondientes a lugares importantes de estos países o regiones (paisajes, monumentos, hábitats, etc.).
- Una hoja de papel en blanco, formato A4.
- Un bolígrafo o lápiz.

✋ Objetivos principales

- Escribir un cuaderno de viaje.
- Centrarse en países, regiones, etc.

🌐 Objetivos indirectos

- Despertar su curiosidad.
- Cultivar la creatividad.
- Interesarse por el mundo.

- Invita a tu hijo a crear tarjetas formadas por un mapa de una región o un país con posibles rutas.
- A lo largo de estas rutas en el mapa, te encuentras con pueblos, monumentos, paisajes, animales, etc.
- Sugiérele que elija tarjetas muy representativas (por ejemplo un viaje a África, uno a una zona polar, uno a Nueva York, etc.).
- Pídele que elija una de estas tarjetas con las imágenes que la acompañan y coloque las imágenes a lo largo de la ruta para crear su viaje.
- Luego escribirá este viaje indicando todo lo que encontrará durante el mismo.

Conclusión de la actividad

- Como indica María Montessori, siempre es importante partir de lo concreto, por eso aquí, con las imágenes del viaje, el niño está realmente enfocado.
- Podemos imaginar lo mismo con objetos que representan lo que el niño puede encontrar durante el viaje que ha elegido realizar.

Escribir un poema

A partir de
9 años

✏️ Material

- Varias hojas de papel blanco, formato A4.
- Un bolígrafo.
- Dos lápices de diferentes colores (por ejemplo, rojo y azul).

✋ Objetivos principales

- Aprender a escribir un poema respetando los tipos de rimas: continuas, cruzadas y abrazadas.
- Escuchar los sonidos que terminan las palabras.

🌐 Objetivos indirectos

- Desarrollar su creatividad.
- Mejorar la concentración.
- Desarrollar interés en la poesía.

✂️ Preparación de la actividad

Preparar las hojas en las que se dibujarán líneas que terminarán en una recuadro de color según la rima elegida.

- Para rimas continuas
la primera línea terminará con un recuadro azul;
la segunda línea terminará con un recuadro azul;
la tercera línea terminará con un recuadro rojo;
la cuarta línea terminará con un recuadro rojo.
Continúa de esta manera dependiendo de la longitud del poema que desees que tu hijo escriba. Al principio, con 4 versos es suficiente.

- Para rimas cruzadas
  la primera línea terminará con un recuadro azul;
  la segunda línea terminará con un cuadro rojo;
  la tercera línea terminará con un cuadro azul;
  la cuarta línea terminará con un cuadro rojo.
  Continúa de esta manera, dependiendo de la longitud del poema
  que desees que tu hijo escriba. Al principio bastarán 4 versos.
- Para las rimas abrazadas
  la primera línea terminará en un recuadro azul;
  la segunda línea terminará con un recuadro rojo;
  la tercera línea terminará con un recuadro rojo;
  la cuarta línea terminará con un recuadro azul.
  Continúa de esta manera dependiendo de la longitud del poema que
  desees que tu hijo escriba. Al principio, 4 versos serán suficientes.

a Presentación

- Explícale a tu hijo que va a escribir un poema.
- Primero léele un poema con las rimas que quieras que entienda y luego componedlo. Lee con énfasis en el último sonido del verso.
- Elije una hoja con los recuadros de colores al final del versículo.
- Dile que el color simboliza el sonido de la última palabra del verso y que cuando los colores son iguales, significa que el último sonido debe ser el mismo. Por supuesto, es posible empezar dando ejemplos al niño.
- Entonces déjale marcar. No te preocupes por las faltas de ortografía o el hecho de que el poema no tenga sentido.

Conclusión de la actividad

- Como recomienda María Montessori, siempre es importante apelar a los sentidos del niño. A través del uso de los colores, comprenderá las diferentes rimas, gracias al sentido de la vista, lo que hará muy concreto este aprendizaje.

La noticia de actualidad

A partir de 10 años

Material

- Un periódico diario, semanal o mensual destinado a los niños y que trate temas de actualidad.

Objetivos principales

- Conocer las noticias.
- Comprender un texto.
- Ser capaz de analizarlo y resumirlo.

Objetivos indirectos

- Conocer el mundo en que vivimos.
- Mejorar su expresión escrita.

Presentación

- Sugiérele a tu hijo que lea un artículo de su elección. Después de leerlo, prepárale una hoja explicando el trabajo que tendrá que hacer.
- Primer párrafo: situar el artículo. Por ejemplo, puedes pedirle que empiece su texto con la siguiente oración: «El artículo que he elegido apareció en [nombre de revista] de [fecha], escrito por [nombre del autor] y se titula [título del artículo]».
- Segundo párrafo: resume el artículo. Tu hijo debe, evitando parafrasear, explicar de qué trata el artículo.
- Tercer párrafo: concluir y dar su opinión.

Conclusión de la actividad

- Márcale a tu hijo un nuevo objetivo o una dificultad a la vez. La primera vez, sólo revisarás lo que escribió, pero no la ortografía. En otra ocasión, por ejemplo, le pedirás a tu hijo que se cuide de poner los puntos y las mayúsculas, en otra ocasión que concuerde correctamente los plurales, etc.

Elaborar una presentación

Lenguaje

A partir de
8 años

✏ Material

- Una hoja de papel en blanco, formato A3.
- Una hoja de papel blanco o de color claro, tamaño A4.
- Un lápiz.
- Goma.
- Pegamento.
- Un par de tijeras.
- Lápices de colores.
- Un bolígrafo.
- Libros, revistas.
- Una impresora.

✋ Objetivos principales

- Aprender a organizar una presentación.
- Aprender a sintetizar información.
- Aprender a expresarse oralmente.

🌐 Objetivos indirectos

- Interesarse por el mundo.
- Hablar en público.
- Fomentar la confianza en sí mismo.

a Presentación

- En primer lugar, es importante decidir si la presentación se realizará en grupo o de manera individual. Empezar solo parece más razonable.
  Elegid el tema juntos.
- Invita a tu hijo a buscar textos en los documentos disponibles.
- Indícale también que busque imágenes, diagramas, dibujos o fotografías sobre el tema elegido.
- Resalta las ideas importantes en los documentos y entre toda esta información, pídele que elija 3 o 4 temas principales sobre el tema. Decidid juntos el orden en el que se ilustrarán y presentarán.

Lenguaje

- Vuelve a las partes resaltadas y resúmelas.
- Piensa en los detalles sorprendentes o divertidos, las cosas que impresionaron a tu hijo, porque seguro que también le interesarán a sus compañeros.
- Dile que escriba el texto en la hoja de papel.
- Luego, pídele que tome la hoja grande y organice el diseño: fotos con subtítulos, textos, diagramas. Recuerda hacer que etiquete todas las ilustraciones (para escribir sin torcerse, dibuja una línea delgada con lápiz que luego se borrará).
- No es necesario que copies todos los textos del cartel. Guarda sólo las cosas importantes. También puedes hacer que escriba los textos en el ordenador y los imprima eligiendo un tamaño de fuente grande (por ejemplo, tamaño 28 para títulos y 18/20 para los textos). También es posible escribir los textos a mano. En tal caso, es aconsejable escribirlos primero en una hoja de color claro, por ejemplo, y luego recortarlos y pegarlos en el cartel. Esto permite, si el texto no está bien escrito, volver a empezar. Recuérdale que escriba con cuidado, con letra grande y sin torcerse. Es importante que los textos se puedan leer en el cartel estando a dos o tres metros de distancia.
- El título de la presentación debe estar escrito en letras mayúsculas de 4 o 5 cm de altura.
- Luego, ayuda a tu hijo a prepararse para la presentación. Es preferible aprender casi de memoria lo que se va a decir, para no leer y poder hablar dirigiéndose a los compañeros.

Conclusión de la actividad

- Recuerda que la retroalimentación es parte de la presentación y es importante que tu hijo practique la repetición para que esté listo para responder todas las preguntas.

Redactar un lapbook

✎ Material

- Una enciclopedia.
- Libros de animales.
- Documentos que se pueden cortar.
- Hojas blancas, formato A4 o un cuaderno.
- Un bolígrafo o lápiz.
- Lápices de colores.

A partir de 7 años

✋ Objetivos principales

- Saber escribir un documental.
- Desarrollar la curiosidad y el conocimiento.
- Estimular la motricidad fina.

🌐 Objetivos indirectos

- Estimular su organización.
- Mejorar la concentración.

ⓐ Presentación

- Un *lapbook* es un archivo que montan los niños y que adopta la forma que uno quiera: está formado por pequeños libros y animaciones que contienen información sobre el tema elegido (geografía, historia, ciencias, artes, literatura, etc.).
- Prepara una lista de temas para que tu hijo elija.
- Prepara previamente una ficha con preguntas concretas sobre el tema que ayudarán a tu hijo a orientar su investigación.
- Estas preguntas se escribirán en diferentes soportes para que el niño pueda escribir o pegar sus respuestas: libritos, láminas con forma de animales, por ejemplo, con *collages*, para colorear, etc.

- Invita a tu hijo a que busque sus respuestas en los libros, Atlas, Internet.
- Explícale cómo tomar notas, imprimir, recortar y pegar en los lugares correctos.
- Indícale que escriba algunos textos directamente en su *lapbook*.

Conclusión de la actividad

- Una vez elaborado el *lapbook*, el niño podrá presentarlo oralmente.

La vida en una escuela Montessori

A principios del siglo XX, Maria Montessori inauguró la *casa dei bambini*, una escuela de un nuevo género que le permitió perfeccionar su pedagogía. Un siglo después, existen más de 20 000 escuelas Montessori en todo el mundo. A continuación, una descripción rápida de las especificidades de las escuelas Montessori.

La mezcla de edades

En una clase Montessori, los niveles son mixtos. Así, en una clase de primaria, la edad de los alumnos oscila de los 6 a los 12 años. El objetivo es respetar su **singularidad** (uno de los pilares de la pedagogía Montessori) y dejar que progresen **a su propio ritmo**.

- Esta mezcla de edades también es fundamental, porque permite que los más jóvenes puedan observar lo que hacen los mayores, lo que les anima a hacer lo mismo. En cuanto a los mayores, toman conciencia de ser un modelo para los demás y desarrollan **su sentido de responsabilidad** y **respeto** por los más pequeños.
- Este intercambio también genera un ambiente de ayuda mutua entre los niños. Los mayores pueden explicar a los más pequeños, apoyarlos en su aprendizaje y ofrecerles demostraciones de materias que ellos mismos ya dominan. Ser capaz de explicar a los demás requiere ser un buen maestro y desarrollar grandes cualidades humanas. El hecho de que los pequeños vean con admiración lo que hacen sus mayores, fomenta en los mayores algo tan importante en la vida como es la **confianza en uno mismo**.

Un entorno preparado

En una clase Montessori los niños experimentan considerablemente, ya que el educador está ahí principalmente para crear **un ambiente adaptado a cada uno** de ellos y para hacer las presentaciones de material. Nunca dará las reglas, explicará el razonamiento, etc. Es a través de la experimentación con el material, creado por María y

Mario Montessori, que el niño va a descubrir todo esto. Y así es como desarrollará sus habilidades de razonamiento y comprenderá que es capaz de encontrar soluciones por sí mismo.

- Entre los 6 y los 12 años, al niño le aflora una gran curiosidad por numerosos temas; tiene una gran sed de aprender, por lo que el adulto debe estar siempre dispuesto a proporcionarle **material sobre todos los temas posibles** con, por supuesto, mucha práctica y, sobre todo, sin ser una teórica de curso magistral.
- La **autocorrección**, presente en la mayoría de las actividades, también le ayudará a aceptar que el error le hace progresar, y a desarrollar de nuevo su razonamiento y su análisis para encontrar soluciones con el fin de encontrar la respuesta correcta.
- En una clase Montessori, no hay calificaciones, ni castigos ni premios. El niño trabaja sólo por el **placer de aprender** y **progresar** en relación consigo mismo.
- Los niños pueden elegir su forma de trabajar: sentados a la mesa o en el suelo o en una alfombra, pero siempre respetando las reglas establecidas para que todos puedan trabajar desde la **calma** y **concentración**. También tienen la libertad de **elegir actividades**, pero siempre respetando un marco establecido por el educador.

Trabajo colectivo

Entre los 6 y los 12 años, los niños tienen una gran necesidad de los demás. Se les brinda muchas oportunidades para trabajar juntos y presentar su trabajo a sus compañeros de **todas las formas posibles**. También es una edad en la que necesitan sentirse responsables, razón por la cual todo está configurado para dar respuesta a eso.

- Lo ideal es programar muchas **actividades fuera del aula** porque para ellos es fundamental observar el mundo de todas las formas posibles: jardín, salidas al bosque, exposiciones, clases al aire libre, animales, etc. Estas son realmente las edades en las que los niños pasan por un período de apertura al mundo.

Recordemos esta frase de María Montessori: «La educación es el proceso natural llevado a cabo por el niño. Este proceso no se adquiere escuchando un discurso, sino mediante la experiencia con su entorno».

Índice